여백의 시간

차례

1부 마음의 문 앞에서

2부 돌의 시간

3부 바람이 지나간 자리

부록: 짧은 글 모음

이 세상 모든 가치 있는 것들은
시간을 필요로 한다.

그리고,
깊이는 결국
새로움을 이긴다.

깊이는 새로움을 이긴다

깊이 있는 삶으로 되돌아가야 한다.

아무리 과학이 발달하고 편리한 걸 추구해도 100년 후에도 살아남을 확률이 높은 것들이 있다. 우리 김치처럼, 줄넘기나 자전거처럼.

올해의 베스트셀러보다 지금도 사랑받는 고전 『논어』가 100년 후에도 계속 사랑받을 가능성이 크다. 변하는 것이 사람 마음이라지만 인간 본성은 몇천 년 동안 거의 변하지 않았다. 아마도 인류가 지속하는 한 유효하고 불변할 것이다. 『논어』나 고전 속에 몇천 년 전의 사람들 삶을 들여다보면 마음은 지금과 다르지 않을 뿐만 아니라 오히려 현대를 사는 사람들의 삶의 지침이 되고 있다. 이렇듯,

깊이 있는 삶을 살고 싶다면 느리고 오래가는 즐거움을 찾아야 할 것이다.

이 세상 모든 가치 있는 것들은 시간을 필요로 한다.

인간의 손때와 바람과 비, 햇살이 닿은 흔적으로 만든 빛깔에 우린 자주 감탄한다.

경주에 늘어선 1,500년 세월의 때 묻은 신라의 탑들과

형태는 사라졌지만 옛 절터에서 발견하는 신의 문양들.

그들의 깊은 울림은 시간의 가던 걸음도 멈추게 한다.

극단적 새로움만 추구하는 사람은 인생이 아주 즐겁거나 아주 지루하거나이다. 아무리 새로운 것도 시간이 지날수록 그 마음은 시들어지지만, 목적이 분명한 것은 지루하게 시작해서 깊어질수록 점점 더 흥미로워진다.

내가 아름다운 정원을 상상하며 풀을 뽑고 꽃모종을 심으며, 모기 물림과 손바닥 굳은살을 참아 내는 것처럼. 내 작업은 늘 엉망처럼 느껴지고 붓을 던지고 싶지만, 붓을 놓지 않고 수만 번의 붓질 후에 생겨나는 깊이 있는 색이 만들어지는 것처럼….

모든 것은 지속할수록 축적되고 깊어진다. 무엇이든 한 가지 일을 10년간 매일 해 보라. 자기도 모르게 목적에 도달해 있을 것이다. 못 미친다면 근처까지라도 가 있을 것이다. 시간은 무심하지만 거짓말을 하지 않는다. 사랑도 마찬가지다. 자주 새로운 사랑을 하는 사람들은 그 사람을 사랑하는 것이 아니라 사랑에 빠지는 그 감정을 사랑하는 것이다. 오랜 시간 함께 즐겁고, 함께 아파했고, 함께 극복했던 사랑은 평생 가슴에 살아 있다. 그런 사랑이 인간 잠재력을 최대한 발휘하도록 영감을 줄 수 있는 강력한 힘이다.

나는 오래되어 깊어진 것들을 사랑한다.

육아 일기를 꺼내 읽고, 아이들 어릴 적 사진을 들춰 본다.

결혼할 때 주려고 정성껏 모은 일기장도 35년째 보관 중이다,

아이들은 내가 기대했던 만큼 그것들에 관심이 없다.

며칠 전,

장롱 깊숙이 넣어 두었던 누레진 딸의 중학생 때 교복을 꺼내

빨았고 이미 어른이 된 아들의 백일 사진을 벽에 걸었다.

현재는 과거와 미래가 공존하는 시간이고,

그 시간은 나의 작업에도 영향을 미친다.

모든 낡은 것은 한때 새것이었다.

그리고 지금의 새것도 머지않아 낡은 것이 될 것이다.

그 자명한 진실을 우리는 자주 잊는다.

넘쳐 나는 새것들 앞에서 우리는 오래된 것들에

조금씩 눈길을 거둔다.

그리고 새로움에 어느새 마음이 빼앗긴다.

버림과 채움이 반복되고,

시간은 너무 쉽게

과거를 밀어낸다.

하지만 또 한쪽에서는

기이한 일이 일어난다.

사람들은 '빈티지 취향'이라는 이름으로

당근마켓과 벼룩시장으로 몰려든다.

그들은
구식이 되어 버린 물건들이 품고 있는 아련한 기억 속에서,
잃어버리고 싶지 않은 어떤 시절 하나를 붙들고 있는 것이다.

나 역시
버리지 못한 시간들로
지금을 견디고 있을지도.

세상에서 가장 위대한 예술은
사람을 사랑하는 일 이다

월성에서의 첫사랑
판도라 상자 속의 행복이 실수로 열렸다.

경주는

아무튼
경주, 그 봄날의 매력은 어찌할 수가 없었다.

경주는,
다 읽은 책을 다시 펼치는 마음으로 한 장, 한 장 넘길 때마다 새롭고
오래 보았지만 다 알지 못했고
그래서 나는 더 오래 읽고 싶어지는
살아 있는 내 평생의 책이다.

경주는,
여행 가방을 현관에 툭 던지며
"역시, 집이 최고야."
말하게 되는
멀리 떠났다가도 다시 돌아오고 싶은
우리들의 집이다.

경주는,
어디를 가든 마음이 어떨 때 가든
모든 감정을 다 품어내는
우리 어머니들의 너그러운 품 같은 곳이다.

이번 시집 『여백의 시간』에서는 『나의 시월, 나의 경주』에서 빠트린 폐
사지와 골목의 속살들을 객관적으로 써 보려고 노력했으나
내 감정의 흐름은 내가 그가 되고 그가 내가 되는 것에 매몰되어 갔다.
달빛이 고이 스며들던 봄바람 살랑대던 밤,
반월성에 놀러 가자고 나를 꼬시던 그의 열아홉 청춘은 경주 하늘의 구
름이 되고 달이 되고 별이 되고 바람이 되었다.

하늘이 상냥하게 푸르렀다.
그리고 나는 몹시 슬펐다.
월성에 가야 한다.
우리가 슬플 때 우리를 가장 잘 위로하는 책은 슬픈 책인 것처럼.
맑아진 슬픔이 행복보다 빛나는 순간, 그것이 경주다.

사랑하지만 가장 아픈 이곳 경주,
떠나기보다 가장 아픈 곳에 기꺼이 들어가 살면서 슬픔이 맑아지고 있
다.

1. 여백의 시

살아 있다는 것은 기억하는 일이기도 하다.
어미 제비가 둥지를 기억하고 아기 제비에게 먹이를 부지런히 날라다
먹이듯.

지난봄 꽃 진 자리를 기억하고
우리가 함께한 것들을 기억하고
그 기억으로 세상을 살아 내듯.

세상의 모든 시간에는 다 사연이 있다.
그리고 세상의 모든 것은 무상하다.
물질도 예외가 아니다.

꽃 피기를 기다리고
눈 내리기를 기다리고
더러는
올 리 만무한 너를 기다리다
화폭에
물감자국 난무해진다

2. 그리움은 돌아갈 자리를 잃었다

그리움은 돌아갈 자리를 잃었다

어떤 것은
마음은 분명한데 말로 옮기지 못한다.
어떤 마음은
글로도, 그림으로도 끝내 닿을 수 없다.

요즘 나는 자주
그 안개 속에 빠진다.
그리움은 날마다 색을 바꾸고
어느 것이 진짜인지 점점 모호해진다.

낮달

나의 그믐달은
언제나 그림 속 어딘가에 숨어 있다.

쉽게 드러나지 않지만
오래 바라보는 사람만이 발견한다.
그것은 사랑처럼,
시처럼, 숨어서 빛난다.

빈 저녁

사부작 사부작 신발 끄는 소리 들려오면 좋겠다.
딸가닥 딸가닥거리던 열쇠 소리 들려오면 좋겠다.
뒤척이는 이불 소리도
고단한 잠 입 벌린 숨소리도 들리면 좋겠다.
겨울을 호되게 앓은 마당은 더 수척해졌고
바람도 마음 둘 곳 없어 떠돌다
먼지 쌓인 의자에 앉아 버린다.
봄은 아직 한참 멀고
그리움은 돌아갈 자리를 잃어버렸다.

3. 경주 남산

신라 사람들은 믿었다.
산과 내에는 하늘의 신과 부처가 깃들어 있고,
그들은 언제나 서민의 얼굴로 내려와
권력에 취해 귀를 닫은 자들을 깨우쳤다.

신라의 부처님은 꾸밈이 없었다.
시장터에서 마주치는 얼굴,
햇빛에 그을린 농부의 얼굴,
그 소박한 얼굴로 부처는 앉아 있었다.

남산 고갯길을 돌다 보면
돌부처가 빙긋이 웃는다.
능선 위에는 작은 탑이 바람을 붙잡고,
어느 절벽에는 선각불이 얇은 윤곽만을 남긴 채
천 년을 버틴다.

목 없는 부처도, 닳아 버린 코끝도
여전히 같은 미소로 사람들을 맞는다.

이곳은 이름 없는 석공들이,
날도 서지 않은 무딘 정을 들고,
그저 마음 하나로 새긴 자리다.
마음속의 부처를 바위 속에서 꺼내어
하늘과 맞닿게 앉혔다.

잘생긴 바위를 그대로 두고,
그 안에 머무는 영을 불러냈다.

그래서일까.
수많은 문화재가 숱하게 빛나는 경주에서도,
남산은 곧 신라인의 마음이라 불린다.

지금도 남산은
하늘과 사람이 함께 숨 쉬며,
천 년의 미소를 고요히 이어 간다.

* 남산은 신라 불교 유적의 보고이자, 신라인들의 마음을 품은 영산이며 신라 역사의
첫 장이 열린 자리다.
* 남산에는 확인된 불교 유적만 200여 곳, 유물은 700여 점에 이른다고 한다.

4. 가을과 겨울 사이

 밤보다 새벽이 좋아졌습니다.
침실 큰 창을 덜 뜬 눈으로 바라
봅니다.
먼 산의 실루엣이 점점 선명해
질 때쯤 나도
자리에서 일어나 자세를 바꿉니
다.

흩어진 베개 두 개를 등받이로 만들고 친구가 사 준 오둥이 인형 쿠션
은 책상으로 세팅을 합니다.
아직 두어 시간은 이렇게 따뜻한 침대에서 더 머뭅니다.
하루 중 온전히 내게 집중하는 시간이지요.

밤새 내리는 비가 마른 체리나무를 스치고
창을 두드리지만 자장가처럼 따뜻합니다.
텃밭의 가을 상추는 비를 맞아 다시 싱싱해지고
감나무의 감은 아직도 익어 갑니다.

동지는 벌써 지났으니
이건 겨울비가 분명하지요.
가을과 겨울 사이는 또 다른 한 계절이 있는 것 같습니다.

밝아 오는 새벽 창가 감나무의 노란 감은
크리스마스트리를 장식해 놓은 듯합니다.
이 비가 그치면 나는 지난여름에 예쁘게 전지된
구상나무를 크리스마스트리로 꾸밀 겁니다.
가을과 겨울 사이의 계절이 남쪽 통창으로 들어올 것입니다.

구상나무는 침실에서 바로 보이는 곳에 있으니
밤도 무섭지 않을 거 같습니다.
어른도 밤이 무서울 때가 있거든요.
창밖에 누군가 서성이는 거 같고 뭐 어떤 것이 휙 날아가는 거 같거든
요.
이불을 뒤집어쓰면 더 무서워져요.
그럴 땐 고운 시를 듣습니다.
"가난한 내가 나타샤를 사랑해서 오늘 밤 푹푹 눈이 내린다."
백석 시를 듣다가 쿡 웃었네요. 그 마음 절절함에 애틋한데
눈물 대신 난데없이 웃음이 나서 또 웃었네요.

가을과 겨울 사이의 계절이 지나는 동안 더 자주
노을 지는 자리에 더 오래 머물러야겠습니다.
그리고 여름에 다녀간 제비처럼
우리 집에 드나드는 철새들의 울음소리를 귀 기울여 듣고
오고 감을 알아차려야겠습니다.
그들의 분주함을 알고 닭장의 모이를 기꺼이 내주어야겠어요.

가을과 겨울 사이에 내리는 비는
아마도 일상의 풍경들이 내리는 것인가 봅니다.

5. 사는 일은 시를 읽는 것

쑥갓꽃을 따서 백책갈피에 꽂던 날
"씰데없는 짓 고마해라."
말은 그렇게 하지만 꽃잎을 펼쳐 덮어 주던
그의 큰 손이 있었다.

버릴 책을 정리하다
책갈피 속 바싹 마른 꽃잎에서
먼지 같은 숨결의 낡은 시 한 줄을
꺼내 읽는다.

6. 정월대보름

달은 구름 속에 숨어
고요히 세상을 엿듣고 있었다.

속으로 울음을 삼키는 소리에
흐려진 달도 손수건을 찾는다.

2025년 정월대보름날 감포 바다

조형 작품 하나가 우뚝 서 있었다.
깃발을 꽂은 삼각산 하나가 내려와
있는 듯도 했다.
달집은 감포 바다와 어우러져,
문무대왕릉이 콜라주된 듯한 설치
미술이 되었다.
그 자체로 하나의 예술 작품이었다.
마을 주민들이 돼지머리를 올린 상
앞에서
제례 의식을 마치고 불을 붙이면,

사물놀이 소리와 함께 달집은 활활 타올랐다.
극적인 퍼포먼스 속에서 염원과 정념이 퍼덕였다.
그 불길은
왠지 신령스럽고도 경이로워,
마음이 달뜨기도 했다.
강 건너 불구경이라도 할 심산이었건만,

나는 어느새 달집 속으로 빠져들고 있었다.

그동안 잊고 지냈던 유년 시절 우리 집.

아침에 일어나면 방바닥에 대보름 음식들도 그득했다.

부엌이 바깥에 있었으니 추워서 그런지 그 많은 음식들을 부엌이랑 통하던 안방에 늘어놓고 상을 차리셨다.

어린 내게도 부럼을 주셨고 우리 형제들은 눈을 뜨자마자 호두를 씹었다.

귀가 밝아진다는 귀밝이술은 어린 나에게는 입술에 찍어 발라 주었다.

열 가지도 넘는 나물들이 있었지만 나는 오곡밥을 귀한 김에 싸 먹을 수 있어서 행복했다.

어머니는 까치밥 그릇을 만드셨다.

겉껍질을 훑은 말끔한 짚 한 줌을

양쪽으로 묶어 가운데를 벌리면

긴 밥그릇이 되었고,

거기에 찰밥을 담아 담장 위에 올려놓으셨다.

보름날 처음 만나는 사람에게 "내 더위 사 가라." 하고 더위를 팔았다.

그러면 그 사람은 얼른 다른 사람에게 "내 더위 사 가라." 하고 되팔았다.

밤이 되면 동네 사람들과 우리 언니들과 뒷산에 달맞이를 하러 갔다.

달을 보며 모두 두 손을 비비며 소원을 빌었다.

그때 내가 빌었던 소원은 "언니가 소 먹이러 갈 때 나도 데려가게 해 주세요."였다.

동네 오빠들은 쥐불놀이를 하고,

언니들은 동네 마당에서

강강술래를 했다.

나는 어려서 끼지 못했지만,

환한 보름달이

그 노랫소리를 따라다녔던 기억만은 선명하다.

이러한 기억들이 '어디서 책에서 본 건가?' 할 정도로 낯설고 생소하다.

먼 옛날의 이야기인가 싶었는데 바로 우리 어머니 세대의 풍습이었으니 사라져 가는 것은 바람이 한 번 쓸고 간 것처럼 순식간이다.

깡그리 없어지지 않고 이렇게라도 계승되어 오는 것이 있어 다행이다 싶다.

사물놀이로 한바탕 흥을 돋우고 국악 팀과 마을 부녀들이 하나 되어 덩실덩실 춤추는 모습은 아름다웠다.

나를 포함한 구경 온 사람들은 그들의 차려 놓은 잔치에 기도를 보탰다.

내 유년의 기억과 함께 하늘로 날아간 사랑했던 사람들이

불꽃 연기 속에 잠시 나타났다 사라져 갔다.

* 감포 달집태우기: 경북 경주시 감포읍 문무대왕릉 인근 바닷가에서는 매년 정월대보름날 달집태우기 행사가 열린다. 마을 주민들은 해안가에 달집을 세우고, 소원을 적은 소지를 붙인 뒤 제상을 차려 절을 올린다. 달이 떠오르면 달집에 불을 붙여 한 해의 액운을 태우고 가족과 마을의 평안과 풍요를 빈다. 농악대가 길을 열고 주민들이 어울리는 이 의식은 문무대왕릉이 바라보는 바다에서 열림으로써, 달맞이 풍속에 역사적 상징성을 더한다.

7. 모든 것은 잘될 것이다

기도는 말보다 마음이 먼저 움직이는 순간에 시작된다.
그 마음은 가장 아픈 자리에서 피어난다.

모든 것은 잘될 것이다

문무대왕님을 마주 앉은 여자는
촛불과 마른 명태를 앞에 두고 두 손을 모은다.
그 옆에는 신을 부르는 여자가 북을 두드린다.
불빛은 흔들렸지만 꺼지지 않았고,
바람은 울었지만 쓰러지지 않았다.
그곳을 나서는 사람들의 뒷모습엔
무너짐보다, 견딤이 더 많이 보였다.

그러니까-
모든 것은 잘될 것이다.

감포 바다, 문무대왕님은
죽어서도 나라를 지킨다더니,
이제는 절망에 빠진 사람들까지
하나하나 살려 내고 계신다.

내 기도

슬픔을 없애기보다,
그 슬픔 속에서 피어나는 힘을 주시고,

상처를 지우기보다,
그 상처와 함께 살아가는 용기를 주소서.

그리고-
누군가를 기대하기보다,
내가 나를 먼저 안아 주게 하소서.

* 감포 문무대왕릉 일대는 '전국에서 기도발이 가장 잘 받는 곳'이라는 소문으로, 굿당과 기도 천막이 가장 많이 모여 있는 곳이다. 처음엔 이런 풍경이 낯설게 느껴졌고, 때로는 미관을 해친다는 생각도 들었다.
하지만 이것 또한 누군가에게는 절박한 삶의 방식이고, 하나의 정신적 문화라 여긴다면, 무조건 배척할 일은 아니라는 생각이 든다.
오히려 조심스럽고 절제된 방식으로 공간이 정돈된다면, 이곳은 단순한 '전설의 바다'가 아닌, 위로받는 문화로도 자리할 수 있을 것이다.

8. 진달래가 핀다는 건

진달래가 핀다는 건
그 애가 온다는 것이다.

당신과 나만 아는 은밀한 비밀이 있는 곳
이곳을 지날 때마다 함께 속울음을 울었던 그 자리
진달래 피는 계절이 오면 나 혼자 여전히 오르고 있어.

참꽃빛 속에서 나는 우리를 본다.

아름다운 정강왕릉 길 나무들에게 온갖 간섭을 하며
소나무와 진달래가 어우러져 왈츠를 추고 있는데도
내 눈엔 자꾸 분홍빛 안개가 쓰려 와.

그때 우리가 멈춰 섰던 오래된 돌계단엔
내 그림자 하나 덩그러니 앉아
바람은 당신의 기척을 흉내 내며 흩어지네.

* 정강왕릉 길: 경북 경주시 동남산 자락에 위치한 숲길로, 신라 제49대 정강왕의 능으로 향하는 길이다. 봄이면 진달래가 군락을 이루며 피어나는 명소로, 깊고 고요한 숲과 오래된 돌계단이 어우러져 서정적인 분위기를 자아낸다.

9. 정원을 가꾼다는 것은

"정원을 가꾼다는 것은 삶에 한 수를 배우는 일이다."

정원 가꾸기는 빠르거나 기계적이지 않다.
느리고 유기적이다.
꽃씨를 심어 놓고 당장 싹을 틔우라고 요구할 수도 없고
딸기 줄기를 붙잡고 당장 열매를 내놓으라고 할 수도 없지 않은가.

"정원을 가꾼다는 것은 좋은 삶을 사는 일이다."

빈터에 아름다운 변화를 일으킨다.
식물들이 매일매일 창작해 내는 일에 경이로움을 느끼며
나는 자주 감탄하고 자주 미소 짓는다.
내 관심을 필요로 하고 내 노력을 요구하여
그 흐뭇한 풍요로움을 창조한다.

10. 진티의 수호신

경주 진현동 소나무는 조선 현종 때 심은 것으로 알려져 있다.
한국 전쟁 때도 살아남아 마을을 지켜 온 이 나무는
진티마을 사람들이 '대장나무'라 부르는, 공동체의 상징이자 수호신 같은 존재다.

진티의 수호신(진티 당산나무)

흰머리 어버이 근심하실까 봐
자식 와서 근심 털어놓고
자식 놈 기 꺾일까 봐
노인 와서 근심 털어놓고

"추비가 풀리머 좋은 일도 안 있것나?"
"사람은 지 아래를 보고 살아야 되는 기라."

당신의 품은 얼마나 넓어서
몇백 년 동안 마을 사람들의 고달픔을 품어 주셨는지요.

당신의 깊은 그늘 아래
마을의 소망이 해마다 자라났습니다.

오늘, 당신께 고요히 머리 숙이니
달빛이 이마 위에 조용히 손을 얹습니다.

하늘만 쳐다보고 살았던 시절이 있었다.
하늘에 우리 목숨이 달려 있었다.
하늘이 베푸는 만큼만 살 수 있었던 농경 문화 시절
하늘에게 비를 내리게 해 달라고 빌었고
비를 멈추게 해 달라고 빌었다.
천둥이 치고 태풍이 부는 날에는 인간들이 잘못하여 하늘이 노했다고
생각하고 귀한 음식들을 차려 놓고 제를 지내며 달래고 빌었다.
세상의 모든 소원을 하늘에 빌었다.
그러다 달이 뜨면 달님에게도 빌었다.
달님이 높은 하늘에 있기 때문인지도 모르겠다.
그리고 하늘까지 맞닿은 나무를 보고 높은 하늘과 가까이 있으니
나무에게 소원을 빌었다.
나무가 우리의 소원을 하늘에게 전달해 준다고 믿었을 것이다.

11. 흔들리는 민들레

기림사에는 담장이 예쁜 곳이 참 많다.
살다가 삶이 겨워 다독임이 필요하다면,
비 오는 날 온전히 고독해지고 싶다면
기림사 담장에 기대 보라.
기림사 돌담이 그대의 단단한 벽이 되어 줄 것이다.

흔들리는 민들레

사랑보다 슬픔이 소중할 때
흘릴 줄 모르는 너의 눈물을 위해
나는 이제 너에게도 그리움을 주겠다.
그대는 생각을 소리 내어 말했고
나는 대개 종이에 흘렸다.
노란색 오만 가지 색의 이야기를.
내 한숨과 입김에 꽃들은 흔들렸다.

12. 서로 다른 얼굴들

 당신이 어떤 일을 하든 당신이 무슨 말을 하든 관계없이 대부분의 사람들은 상대방이 내뿜는 아우라를 감지한다.
 그러니 당신을 나타내기 위해 그리 애쓰지 않아도 된다.

 우리는 모두 다르다고 말하면서 다름을 절대 받아들이지 않는다. 최근에 대선이 있었다. 빨강, 파랑으로 나누고 보라는 눈치를 살폈다. 알고리즘은 우리가 보고 싶어 하는 것으로 유도하고 더욱 편협된 존재로 만들어 극단화시킨다. 덕분에 유튜브 방송은 비대해져 완벽하게 내가 듣고자 하는 것만 듣고 보고 싶어 하는 것만 볼 수 있다. 우리는 길을 잃어버렸다. 자연 속 모든 존재들, 모든 꽃과 나무, 동물들을 오래 바라보자. 그들에게서 인생의 답을 찾을 수 있을 것이다. 가을 예쁜 단풍잎도 수용을 했기에 아름답게 보이는 것이다. 자세히 보면 벌레 먹은 잎, 썩어 구멍 난 잎, 빛이 바랜 잎, 아직 덜 익은 잎 등을 다 수용하고 포용하여 만들어 낸 광경인 것이다.
 이렇듯, 말이나 분류표로 세상을 덮지는 않아야 한다. 경주 기림사에는 오백나한을 모시고 있는 응진전(應眞殿)이 있다. 오백의 부처님이 한자리에, 그러나 각기 다르게 앉아 있다. 가만히 보면 모두 다르다.

서로 다른 얼굴들
– 기림사 응진전, 오백나한 앞에서

어떤 이는 눈이 크고
어떤 이는 코가 낮다.
어떤 이는 소리 없이 웃고
또 어떤 이는
눈을 반쯤 감은 채 잠에 들었다.
홀로 앉은 부처도 있지만
셋이 나란히, 도란도란
속삭이듯 모여 앉은 이들도 있다.
그 속삭임에
나도 슬그머니
끼어들고 싶었다.
한나절 내내
우린 웃고 떠들며
속세 이야기를 풀어놓았고
문밖에서 엿듣던 석탑도
천 년의 침묵을 깨고
작은 웃음으로
맞장구를 쳤다.

13. 꽃

기림사 솟을매화 꽃살문

기림사 솟을모란 꽃살문

1억 1천4백만 년 전,
어느 날 아침.
태양이 떠오르고
세상에 첫 꽃이 피어났다.
그 꽃은 바람 속에 숨었다가
기림사 대적광전 문살에
내려앉았다.

꽃

불완전한 것조차 감추지 않는 꽃
너는 나의 위로였고 너의 사랑이었다.
대적광전 소슬한 꽃살은 수수한 여인의
속옷 같고 마른 버선 같다.

모든 색은 사라져 사랑 속으로 숨는다.
무색의 고요에 더 오래 바라보게 되고
색이 없으나 꽃의 곡선은 더 화려하다.
한 장의 아름다운 누드화를 보는 것처럼.
아무 말 없이 오래 지긋이 사랑하게 된다.

* 기림사
• 함월산은 '토함산이 동해의 안개를 마시고 내뿜으면 그것을 흡수하여 담아낸다'는
뜻에서 이름이 유래했다.
• 신라 신문왕이 동해에서 만파식적을 얻은 후 왕궁으로 돌아갈 때 기림사 앞 개울에
서 쉬어 갔다는 이야기가 전해진다.
• 해방 전까지만 해도 불국사를 말사로 거느린 큰 절이었으나, 지금은 불국사의 말사
가 되었다.
• 임진왜란 당시에는 전략적 요충지로 의병과 승병의 군사지휘소로 사용되었다.

14. 하찮은 것에 머무는

파란 펜 자국을 따라
나는 그 마음을 따라간다.

책에도
분명 가치가 있다.
품격이 있다.

삶이 힘들고
삶에 길을 잃었을 때,
그럴 때 길잡이가 되어 주는 것도 책이다
"읽다 죽어도 멋져 보일 책을 읽으라."는 말이
무색하게도
내가 며칠째 들고 다니는 책은
그리 멋진 책이 아니다.

경주 관광 안내서 두 권,
그리고
고분에서 갓 발굴된 듯
낡고 부스러질 것 같은
신라 전설 한 권.

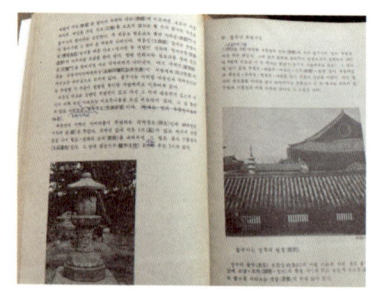

1978년 관광 안내서 오타와 정보 수정

관광 안내서란
관광지마다 무료로 가져가게
비치된 흔한 책이다.

누렇게 변한 종이를
한 장 한 장 넘긴다.
파란 볼펜 자국을 따라간다.

15년 전 세상을 떠난 아버지의
서재에서 발견한 오래된 관광 책자
(1986년, 1976년, 1978년 경주 관광 안내서)

읽기 힘든 한자가 섞여 있지만
오타와 진실 사이를 꿰뚫는
그 펜 끝의 정성에
나는 마른 코를 훌쩍인다.

그 흔한 책자의
한 글자, 한 글자까지도
놓치지 않으셨던 아버지.
관광 책자든,
시골 마을에서 나눠 준 전화부든
작고 낡은 것들에까지
삶을 다듬듯 펜을 대셨던 그 손길을
나는 이제야 천천히 따라 읽는다.

그 파란 펜 자국을 따라,
나도 그 마음을 따라
조심스레 걸어 들어간다.

15. 미처 눈치채지 못한 여백의 시

세월이 흐르면,
그리움은 특별히 고유명사를 갖지 않는다.
기억과 상처, 청춘의 날 선 신념들에 베인 귀퉁이,
색 바랜 헌 시집들 사이에
그리움은 슬프게 기생한다.
우리들의 인생은,
우연히 펼쳐 본 낡은 시집 속
앙상한 문자들과
예전에 눈치채지 못한 여백의 휑함을 통해
비로소 시의 또 다른 한 구절이었음을 깨닫는다.
이제 우리는
그 빈 행간들에
깊고 편안하게 고개를 끄덕여야 한다.

16. 말보다 깊은 말

경주의 길, 골목마다
들풀 사이로 스며 있는 시간의 길이 있다.

사람들이 살아 있는 시간이
살지 못한 시간에 비길 수 없듯,
우리가 알고 있다고 믿는 것도
알지 못하는 것에는 미치지 못하듯.

수십 년을 살아오며
수백 번이나 무심히 지나쳤던 길.
그 길 위에서,
오늘 나는 문득 한 사람의 인생을 보았다.

"밤길도 오래 걷다 보면 새벽을 맞이한다."
                                    - 최햇빛

소박한 돌비석 위에 새겨진 이 한 줄의 글.
그 문장의 탄생은,
우리말을 지키기 위해 온 힘을 다했던 한 선생의 삶에서 비롯되었다.
사람들은 말했다.
"최 선생이 하는 일은 비단옷 입고 밤길 걷기니더. 이제 마 그만하소."
그럴 때 선생은 조용히 웃으며 대답했다.
"밤길도 오래 걷다 보면 새벽을 맞이하니더."

그 말처럼 그는 걷고 또 걸었다.
어둡고 조용한 길을, 묵묵히.

그의 말과 마음은
결국 세상을 조금씩 바꾸었다.

음지마을은 해맞이마을로.
문천길은 반달길로.
구역마을은 밝은마을로.

"왜 우리말 대신 남의 말을 써야 하느냐."고
일본인 교사에게 당당히 물었던 그는,

말을 지킨 것이 아니라,
말을 통해 민족의 마음을 지켜 낸 사람이었다.

그가 걷던 길 위에 내가 서 있으니,
왠지 모를 위로가 밀려온다.
주눅 들게 만드는
어려운 아파트 이름,
외국어로 가득한 간판들,

아이들이 마구 섞어 쓰는 외래어와 줄임말 속에서도
우리 한글이
더 당당해지기를.

비록 지금 걷는 길이 어두워도
끝내 새벽은 온다는 것을.
그리고 그 새벽을
먼저 열어 준 누군가가 있었음을.

- 남산 끝자락 상서장에서 서남산 가는 길목, 고청기념관 인근에서

* 남산 끝자락 상서장에서 서남산 가는 길로 조금만 걷다 보면 소박한 비석 하나를 발견할 수 있다.

17. 시간은 책장을 넘기고

천 년도 넘게
봄마다 꽃피듯 피어나기

세상의 오래된 것들이
유리 안에 잠든 그곳 한편,
조용히 책 냄새 나는 문이 열린다.

박물관 속에 숨은 이 방은
시간이 책장 사이에 눌어붙은 곳.
누군가는 책장을 넘기고
누군가는 아주 천천히 문장을 따라간다.

이곳엔
아무도 소리 내지 않는다.

수천 년 전의 탑도,
잊힌 이름의 유물도,
지금은 책 속에서
조용히 다시 살아난다.
나는 책장을 넘기며,

돌 속의 마음과
글 속의 온기를
하나씩 꺼내
가슴에 품는다.

파란 하늘에
그려 놓은 듯한 초록 숲이
통째로 창 안에 들어올 때,
나는
시간의 가장 따뜻한 자리에 눕는다.

* 신라천년서고: 경주 국립박물관 내에 있는 자료실. 신라 관련 고서와 기록을 보관·
열람할 수 있는 공간으로, 전시실과 달리 책과 기록 속에서 유물의 숨결을 다시 만날
수 있다.
* '시간의 가장 따뜻한 자리' 도서관의 액자 같은 통창으로 들어오는 풍경과 마주한
다.

18. 사람 구경

사람들은 꽃구경
나는 사람 구경
사람들은 꽃이 예쁘다지만
나는 꽃을 자세히 바라보는 사
람들이 예쁘다.
사람들은 꽃을 담느라 즐겁지만
나는 사람을 담느라 신난다.

"어머나, 예쁘다."
사람들은 내가 꽃 보고 예쁘다
하는 줄 안다.

* 불국사 겹벚꽃 동산: 경주의 대표적인 겹벚꽃 명소. 불국사 공영 주차장에서 불국사
정문으로 올라가는 길에 겹벚꽃 동산을 만날 수 있습니다. 통행로를 사이에 두고 한쪽
은 일반 벚꽃이 숲을 이루고 또 다른 한쪽은 겹벚꽃이 군락을 이룹니다.

19. 남산의 산신령

백발의 산신령이라 불리던 사람,
남산을 품고 살다 간 이가 있었다.
돌 하나에도 마음을 기울였고,
바람에게 진심을 맡겼다.
그의 자리는 이제 텅 비었지만
남산엔 아직,
그 이름 섞인 바람이 분다.

남산의 산신령

사람들 마음속에 문화를 품게 하고
고청을 드나드는 이마다
저절로 보살이 되게 하는
당신은,
도대체 얼마나 넓고 깊은 분이셨는지요.

백발이 성성한 모습으로
꽃 피는 절터를 지나며
바위에 새겨진 시간을 쓰다듬으며
소나무 아래 앉아 있던 그에게
바람은 남산의 비밀을 들려주었고,
그는 우리에게 조용히 건넸습니다.

사람들은 그의 말을 들으며
돌 하나에도 마음을 기울였고
오래된 석불 앞에서
조용히 두 손을 모았습니다.

이제 그의 걸음은 멈췄지만
진정한 남산의 산신령이 되어
우리를 불러들여 남산을 사랑하게 하고
이름 없이 머문 바람처럼 가지 끝마다 스며
우리의 발길을 재촉합니다.

고청 담벼락 아래
진달래는 곱게 피어
봄 불처럼 타고 있는데—
나의 시는
자꾸만, 수다스러워집니다.

* 고청 윤경열(1916~1999): 경주의 향토사학자이자 교육자. 남산과 경주의 문화유산을 연구·보존하며 '남산의 산신령'이라 불렸다.
* 고청 기념관(인왕동 양지마을): 고청의 옛 주택을 활용한 공간으로, 저술·유물 전시와 문화 예술 활동이 이루어지고 있다.

20. 도솔가

도솔가

온 산이 불천지가 되어,
타들어 가는 생명들의 아우성을 들었다면,

'내가 하늘을 향해 노래를 부르면, 역병이 사라질 것이야'
그때처럼 기적을 일으켜 주지 않을까.

흐드러진 벚꽃 뿌려 비를 불러오는 것 정도는
식은 죽 먹기겠지.

당장 사천왕사지에서 월명의 신비한 하늘의 노랫소리가
들려올지도 모를 일이다.

- 25년 3월 28일 경북의 산이 불길에 싸인 날

* 월명사의 「도솔가」 전설: 신라 경덕왕 때, 역병이 크게 퍼져 백성들이 고통받던 시절, 승려 월명사가 사천왕사에서 노래를 불렀다. 그것이 바로 하늘의 노래라 불리는 「도솔가(兜率歌)」이다. 전설에 따르면 그의 노랫소리에 역병이 사라졌다고 하며, 이후 사천왕사는 신비한 힘이 깃든 성지로 여겨졌다.
* 시 속의 '온 산이 불천지가 되어'는 2025년 3월 경북의 산불에서 비롯된 이미지로, 과거 역병과 현재 재난을 겹쳐 본 시적 상상이다.

어머니의 문두루비법 마법 같은 지혜

"정구업지는, 수리수리 마수리 술수리사바하…."
어렸을 적, 나는 그게 우리 어머니 노래인 줄 알았다.
밭을 매며, 논을 매며, 한숨 사이로 새어 나오던 주문.
그건 마법이었다.
어머니는
돌아가시기 전까지도 되뇌셨으니
평생을,
입에 달고 사셨다.

판타지 소설 속 요술 막대보다 위력이 강했던 말.
"착한 끝은 있어도 악한 끝은 없다."
어머니의 문두루비법은 지혜였다.
"내가 무슨 소원이 있노? 너거 잘 사는 게 소원이지."
신라 사람들이 문두루비법으로 나라를 지켜 냈듯이
"말도 안 돼." 하겠지만 말도 안 되는 주문으로
어머니는 육 남매를 키워 내셨다.
그래서 착하디착해지는 삶으로 흘러 들어갔다.

* 문두루비법(文豆婁祕法): 신라에서 전해 내려오는 불교의 밀교적 주문과 의식. 적군을 막고 나라를 지키는 신비한 힘이 있다고 전해진다. 승려들이 향을 피우고 주문을 외우면 적의 눈과 발이 묶여 움직일 수 없었다는 전설이 남아 있다.

21. 요석공주와 원효대사

모란 아래서

나는 모란을 꺾었다.
설익은 봄빛 속에
내 모든 기다림을 담았다.

그는 모른 척 지나갔다.
그는 하늘을 받치려 했고
나는 그 하늘을 바라보았다.

한밤,
그가 젖은 옷을 말리러 왔다.
그 밤,
내 심장도 함께 말랐다.

그날 이후,
나는 그를 놓았고
한 별을 품었다.

하늘을 깎다

누가 자루 없는 도끼를 주겠는가.
나는
무너지는 하늘을
깎아 다시 세우고 싶었다.

모란 한 송이로
나를 부른 여인,
그녀의 숨결이
허공을 적셨다.

나는 등을 돌렸고,
그녀는 기다렸다.

기다림은
가장 깊은 부름이었다.

젖은 옷을 말리며,
나는 비로소
하늘을 껴안았다.

그날,
사랑은 이름을 버리고
별 하나가 되었다.

- 월정교에서

* 전설에 따르면, 원효는 월정교에서 물에 빠져 젖은 옷을 말리러 요석궁에 들렀다. 그 순간이 두 사람의 인연의 문을 여는 계기가 되었다.
* 젖은 옷을 말리던 밤, 세속의 사랑과 깨달음이 교차했고, 그 짧은 인연에서 태어난 아이가 바로 신라 유학의 큰 별, 설총이었다.

22. 연결되어 가는 것

어머니가 해 주신 감자 요리는
세상의 모든 감자 요리와 연결되고
어머니에게서 배운 첫 단어와 문장들은
세상의 모든 글과 시로 흘렀다.

어머니의 헌신적 사랑은
일생 동안 우리를 세상의 모든 사랑과 연결시켰고
삶의 순간순간
그 연결이 필요했다.

그 사랑이
내 안에서 깊은 뿌리처럼 뻗어 가며
시간을 넘고 공간을 넘어
내 삶의 모든 순간에 등불이 되었다.

23. 그때는 몰랐던

그때는 몰랐다.
어머니도 봄마다
꽃씨를 뿌리며
소리 없이 꿈을 심던 사람이라는 것을.

바람이 무섭다며
창을 닫으면서도
꽃잎 하나 바람에 다칠까 봐
가만히 살피던 마음을

꽃이 피면 마당에 나와
이름 모를
풀꽃 하나하나까지
손끝으로 쓰다듬던 손길을

올해도 어머니가 남긴 상사화가
마당 한편에서 줄기를 올린다.
잎과 꽃이 만나지 못하는 그 애틋한 꽃이
당신을 닮았다는 걸 이제야 알겠다.

이런!
어머니도 그토록 조용히, 누군가를 끝내 사랑했다는 걸.

24. 내 삶이 예술이고 싶었다

한번 창조된 이후로 그보다 나은 게 등장하지 않은 것들이 있다고 한다.

바퀴, 의자, 숟가락, 가위, 잔, 망치, 호치키스 같은 것들이다.

이 같은 것들은 세월이 몇 겹 흐르는 동안에도

장식성만 더해질 뿐이다.

나는 이런 것들의 영원성을 예술이라 부른다.

나는 내 삶이 예술이고 싶었다.

물질만이 예술은 아니다. 개인의 삶이 하나의 예술 작품으로 만들어져야 한다고 생각한다.

도서관 하나를 집에다 만들고 어느 하루는 책 속에 묻혀 있고

어느 하루는 그림 그리다 날밤을 새우고

낮달만 바라보다 하루해가 져도 좋은 삶을 살고 싶었다.

마르쿠스 안토니우스가 금이나 보석에도 눈 깜짝하지 않을 클레오파트라에게 선물한 것 중 하나가 도서관에 비치할 20만 권의 책이었다.

누가 내게 만 권의 책을 선물한다면 나는 더없이 기쁠 것이나 내가 나에게 만 권의 책을 선물해 보려 한다. 올 연말 내 생일 선물이면 좋겠지.

어릴 적 화롯불 곁에서 듣던 옛날이야기들,

여름날 모깃불 피운 마당에 평상에서 엄마 다리를 베고 누워 쳐다보던 하늘의 총총한 별들의 기억,

가마솥에서 쪄 내오던 콩깍지 안 깐 콩, 아궁이에서 꺼내 주시던 까만 재투성이 감자의 속살,

대문 옆 감나무에서 떨어진 감꽃으로 만든 감꽃 목걸이, 담 넘어 아버지 지게 위에서 춤추던 연분홍 참꽃의 일렁임, 빈 들녘 낟가리 옆에서 언니 오빠들과 벼 이삭 줍던 광경…. 죽도록 사랑했고 죽도록 아파도 했고 치열하게 경쟁도 했고 좌절도 했고 벅찬 환희도 있었고 그리고 잔잔한 물결 같은 고요함과 봄날의 향기로움도 있었다.

　지난 과거와 지금까지의 내 모든 삶이 예술이지 않은 적이 없었다.

　예술은 아름다운 것만이 아니다.

　우리 삶 속에 있는 오만 가지 감정과 수만 가지 일어나는 일들이 예술인 것이다.

　현재 내 발치에서 한 치도 떨어지지 않는 시월이, 처마 밑 제비 둥지에 짹짹거리는 아기 제비들, 내 화실에 날아드는 한 쌍의 새들, 다 졌나 싶으면 다시 피어나는 담벼락의 흐드러진 주황 능소화, 우리 어머니가 남겨두고 가신 장독대.

　이런 것들의 영원성 또한 예술이다. 오랜 세월에도 변하지 않을 것들을 나는 예술이라 부른다.

　내 어릴 적 유년의 기억부터 지금까지 내 모든 삶은 끝난 것도 지워진 것도 없다.

　영원히 내 몸에 깃들어 있고 내 정신에 스며 있다. 그리고 앞으로도 그것들이 나를 만들고 나를 장식하며 내 삶의 예술이 될 것이다.

25. 재산

나에겐
마음을 안정시켜 주는
몇 권의 책과 예쁜 노트
그리고 몇 자루의 펜이 있다.

그의 재산

"당신 잘 살았네."
살아서 해 주지 못했던 말.
무덤에서 했다.

그는 친구가 많은 사람이 아니었다.
그래서 늘, "친구도 좀 만나고 다니라."며 잔소리를 하곤 했다.
그런데 그 몇 안 되는 친구들이
7월의 무더위 속에서 무덤을 찾아와 풀을 뽑고 베었다.

풀 더미 같던 무덤은
다섯 살 남자아이가 갓 이발한 것처럼 말끔해졌다.
평소 좋아했던 담배도 한 대 꽂아 주고,
향과 과일, 북어까지 챙겨 와 절을 올리며 그들은 친구와 마주했다.

첫 제사 때 우리 집 문 앞에 몰래 두고 간
과일 상자들과 커다란 수박,
그가 떠난 첫 생일에 보내온 떡케이크.
그것은 결코 당연한 일도, 쉬운 일도 아니었다.

그의 재산은 친구였다.

26. 월지의 작은 유물

금빛, 그 너머의 눈
보이지 않는 것을
보는 이들이 있다.
흙 속의 별빛 하나,
그것을 가적이라 불러도 좋겠다.

발굴이 끝나 가던 날이었다. 철로 옆 배수로에 물이 졸졸 고여 있었고, 조사는 더 이상 진행할 수 없었다. 조사원들은 장비를 정리했고, 인부들은 흙을 덮으며 발걸음을 돌리려 하던 찰나였다. 그때, 한 사람이 조용히 말했다.

"저기 뭔가, 반짝입니다."

조심스레 살펴본 그 자리에서 나온 것은, 구겨진 채 흙에 묻혀 있던 조그마한 금빛 조각이었다. 팥알만큼 작았고, 육안으로도 알아보기 힘들 만큼 얇았다.

그리고 열흘 후, 첫 발견 지점에서 20미터쯤 떨어진 곳에서 또 다른 인부가 반짝임 하나를 꺼냈다. 두 조각은 기적처럼 이어졌고 완성된 문양으로 되살아났다.

그것을 발견한 이는 고고학자도, 전문가도 아니었다. 하루하루를 성실하게 일하던 보통의 손, 그 눈썰미 하나가 이 놀라운 조우를 가능하게 했다.

정밀보다 정성, 과학보다 직관.

그날 흙에서 건져 올린 것은 단지 금박이 아니라,

눈으로 기억하는 마음의 기술이었다.

"통일신라 시대 금박. 3.6cm의 얇고 정교한 유물에 새겨진 화조문. 0.3g의 순금으로 만들어진 이 작은 조각은 기적처럼 완전체로 복원되었다."

금빛에 앉은 새 두 마리

작은 몸짓으로
천삼백 년을 건넌다.
서로를 향해
날개도 접고
금빛 한 장 위에
속삭임으로 머문다.
말하지 않아도
알 것 같은
너는 나였고
나는 너였다.

다시 별이 되기 위해

나는 날지 않았다.
너도 그렇지.
우리의 시간은
금빛 한 장 위에
가늘고도 깊게 눌려 있다.

꽃은 지지 않았고
기억도 살아 있지.
그 속에서
우린 그저
조용히 강해졌지.

움직일 수 없지만
지워지지 않는 것,
그것이
사랑이었지.
그건 다시 별이 되는 일.

* 금박화조도: 이 유물은 경주 동궁과 월지 동쪽 유적지에서 2016년 발견된 통일 신라 시대의 순금 금박이다. 크기 3.6cm, 두께 0.04mm, 무게 0.3g. 정련 순도는 99.99%로, 오늘날의 최고 금 순도와 일치한다고 한다. 유물에는 꽃과 두 마리 새의 문양이 섬세하게 새겨져 있으며, 선의 굵기는 0.05mm 이하로 머리카락보다 가늘다고 분석되었다.

고개를 조금 숙인 그는
세상의 소란을 비껴 앉았다.

입가엔 아직도
바람 한 줄기 머물러 있고,

그 미소는
천 년 동안
무너지지 않는 사유.

그 안에서
시간이 숨 쉬고,
세상의 근심이
그 앞에서 잠이 든다.

(가을비가 오래도록 내리던 날,
금동미륵보살반가사유상을 만나
잠시, 생각도 숨을 고르는 법을 배운다.)

* 금동미륵보살반가사유상: 한국 불교 조각의 정점으로 평가되며, 조형미와 정신성이
조화를 이룬 걸작이다.

1. 코끝의 소원

누군가의 소망이
부처의 코끝에 닿고,
또 닿았다.
믿음은 돌을 깎고,
생명을 구했다.
떨어져 나간 부처님의 코끝은
누군가의 아들이 되었다.

2. 누가 묻거덩

누가 나에 대해 묻거덩
미소 지었다 말해 주렴

8월의 마지막 날
햇빛은 자라기를 멈추고
낮익은 그림자가 다녀갔다.

박물관 마당 한편에
머리 없는 부처들의 목에
온화한 실바람이 불었다.

사람들의 잔혹함이 두려웠던 그들.
이제는 침묵의 증언자가 되어
세월을 견디고 서 있다.

– 경주박물관 머리없는부처
* 1965년 경주 분황사 발굴 조사에서, 뒤뜰 우물 속에서 통일신라 석불들이 무더기로
발견되었는데 모두 목이 잘린 상태였다.
* 머리가 사라진 이유로는 지진 같은 자연재해, 전란(몽골 침입·왜란·호란) 등이 거론
되나, 조선시대 억불 정책으로 인한 훼손 가능성이 크다
* 당시에는 목불(木佛)은 태워버리고, 석불·금동불은 강물·바다에 던지거나 도끼·몽둥
이로 목을 잘라냈다고 한다.
* 지금 국립경주박물관 마당 한켠에 전시된 머리 없는 불상들이 바로 그때의 흔적이
다

3. 여왕의 뜰에서

여왕의 뜰에서 –
세마리의 용이 물고기로 변했다는 호국삼룡변어정

바람이 나무를 흔들지만
영원히 흔들고 있는 바람은 없다.

모전석탑의 섬세한 석공들의 손놀림이
지금도 분주하게 느껴진다.
나는 원효와 자장의
그림자를 따라 걷는다.

천 번 넘는 봄을 맞고
천 번 넘는 꽃을 피웠을 느티나무 그늘-
그 아래, 어린 설총이
나무 막대기로 그림을 그리고 논다.
뒤뜰 돌우물 앞에 멈춰 선다.
조심스레 우물 안을 들여다본다.
호국 용이 살아 있을 것만 같아
숨죽이며 시선을 뺀다.

4. 황금빛 기도

황금빛 외함 안의 기도

돌을 쌓는 일은
한 사람을 묻는 일이기도 했다.
기도는- 가장 아픈 사랑에서 시작된다.

신문왕이 떠난 뒤 어머니는 탑을 세웠다.
자식을 먼저 보낸 그 마음은 땅에 묻을 수 없어
돌로 쌓고, 금으로 봉하였다.
2층 지붕돌 아래,
황금 외함 하나 놓고
그 안에 또 하나의 작은 금빛 부처를 눕혔다.
손바닥만 한 경전 한 권,
아무리 작아도
천 년을 버틸 염원이 담기기에 충분한 크기였다.

그 탑 앞에서 어머니는 날마다
『무구정광대다라니경』 한 줄 붙잡고
천 번이고 만 번이고 묵묵히 되뇌며
날마다 기도를 올렸을 것이다.

그 애틋한 염원이
돌 틈 사이로 스며들어
아직도 조용히 울리고 있다.

* 황복사지 3층 석탑: 신라 신문왕의 죽음을 기리기 위해 692년, 그의 어머니 신목태후와 아들 효소왕이 세운 석탑이다. 1942년 일제강점기 때 해체·수리 과정에서 2층 지붕돌 아래에서 금동 불상, 사리함, 유리구슬, 금·은 그릇 등 여러 유물이 발견되었으며, 사리함 뚜껑 안의 글을 통해 건립 연대와 목적이 확인되었다. 신라 석탑 가운데 드물게 기록이 온전히 남아 있는 귀중한 문화유산이다.

5. 수용의 미학

수용의 미학, 신라

아주 창의적인 나라, 수용할 줄 아는 나라, 그래서 예술을 완성시킨 아름다운 나라.

문학과 건축, 예술의 다양한 분야에서 눈부신 발전을 이룬 '신라'는 문화적으로 매우 풍요로운 나라였다.

신라는 골품제라는 독특한 신분 제도를 기반으로 한 사회였기에 일정한 한계와 경직성도 내포하고 있었다. 그럼에도 불구하고 여성 왕이 등장할 만큼 유연했고, 스스로의 우월함에만 매몰되지 않는 열린 태도를 지니고 있었다.

더 나은 것이 있다면, 적국의 장인이라도 기꺼이 초빙하고 정중히 대우하는 풍토가 있었다.

신라의 황금기는 단순한 물질적 풍요의 시대가 아니었다.

그들의 진정한 찬란함은, 다름을 껴안고 새로움을 받아들이는 그 '수용의 정신'에서 비롯되었는지도 모른다.

그 황금의 시대, 백 년쯤만 딱 잘라 지금으로 가져올 수 있다면 얼마나 좋을까.

지금 우리에게도 필요한 건, 어쩌면 신라인들의 그 너른 가슴인지도 모른다.

시간의 얼굴들

열둘이 둘러섰다.
잠든 왕의 무덤 둘레에
짐승도 사람도 아닌,
시간의 얼굴을 한 존재들.
닭은 새벽을 지키고
용은 하늘을,
소는 땅을 일궈
원숭이는
그를 기억하게 했다.
어느 날, 나는 문 앞에 섰다.
그들은 묻지 않았다.
누구냐고?

* 원성왕릉십이지신상
갑옷을 입고 무기를 든 십이지신상은 모두 사람의 몸에 동물의 얼굴을 하고 있으며,
그 모습은 닭·소·용·원숭이 등 각각의 동물이 지닌 성격과 상징을 반영하고 있다.
이들은 단지 왕을 지키는 존재가 아니라, 시간과 생명을 상징하는 묵묵한 수호자로서,
'묻지 않는 문지기'처럼 죽은 자와 산 자 사이의 경계에 선 자들이다.

물 위에 걸린 별

사람들은 왕을
하늘처럼 걸어 두었다.
물속은 움직이지 않았다.
별 하나가 빠진 밤,
그들은 말없이 나무를 놓고
물 위로
왕을 띄웠다.
그날, 별과 별 사이
연못 하나가
왕국이 되었다.

* 신라 원성왕의 무덤인 괘릉에는, 사람들이 왕을 연못 위에 띄워 장사 지냈다는 전설이 전해진다. 실제 무덤이 있는 괘릉에는 지금도 연못의 흔적으로 물이 흐르고 있다.

돌의 유머

그대들에게
내 길고도 긴 사연을 말다.
젊은 날의 노란 사랑이 힘없이 사그라들더니
비눗방울처럼 사라졌습니다.

봄바람이 겨워서 울다가
봄 햇살에 말개진 돌사자의 웃는 얼굴과 마주쳐
그만 따라 웃습니다.
당신들의 익살이 참 고마운 날입니다.

동서남북을 지키고 있는 돌사자

* 신라 원성왕릉의 사자상은 동서남북 사방에 배치되어 무덤을 수호한다.
각기 다른 표정과 자세로 서 있는 이 돌사자들은 익살스럽고 인간적인 얼굴로 방문객
을 맞으며, 신라 조각가들의 유머 감각과 예술성을 보여 준다.

서역에서 온 봄

이역만리 흙먼지 뒤덮인 길을 따라
그들은 왔다.
한 사람은 유리잔을,
한 사람은 향료를,
또 한 사람은 아무 말도 없이
단지 별을 보고 걸어왔다.
신라는 그들을 맞았다.
페르시아의 달빛과
신라의 바람이
처음 섞이던 날,
소나무가 팔을 구부려
그늘을 만들어 주었다.

그들은 아예 신라 땅에
발을 심었다.

* 신라와 서역의 실크로드 교류: 8세기 통일신라 시대에는 서역(중앙아시아, 페르시아 지역)과의 교류가 활발히 이루어졌다.

프라랑과 왕자

페르시아의 별빛이 꺼지던 해,
왕자는 길을 잃지 않았다.
모래와 불꽃, 폐허를 지나
그는 바실라를 향해 갔다.
바실라, 사막 끝에서 만난 또 다른 신라.
푸른 산과 안개 속에서
그는 그녀를 보았다.
바람보다 먼저 웃는 눈,
이름은 프라랑.
소나무 아래 그늘에서
그들은 서로의 이야기를 들었다.
낯선 말, 익숙한 마음,
그녀의 손끝에 봄이 깃들었다.
이듬해, 별 하나가 태어났다.
그 아이의 이름은 페리둔.
한쪽엔 사막의 피,
한쪽엔 바다의 노래.

* 신라에는 실제로 서역인들이 정착하거나 교류한 흔적이 여럿 남아 있다(동궁과 월지에서 이국적인 복식의 토우와 페르시아계 문양의 유리잔이 출토). 또한 이란의 고대 서사시에는 페르시아 왕자가 신라에 와서 공주와 결혼하는 이야기가 등장한다.

6. 바다가 그리운 거북

바다가 그리운 거북

목 빠지게 바다를 그리다가
그만 목이 빠져 버린 거북이
벚꽃 터지는 소리
너와 함께 듣고 싶어 찾아갔지만
쌩쌩 달리는 차 소리가 두렵고
너의 예쁜 발은 땅에 묻혀 버렸고

그 모습 안쓰러워
홀린 듯이 맨손으로 너의 발을 파내고
하얀 발가락에 묻은 흙을 털어 내니
너는 참을 수 없는 간지럼을 탄다.

누레진 헌책의 접힌 부분은
한 번 더 읽어 보게 되는 것처럼
너의 천오백 년 된 삶을 나는 자꾸 들여다보게 된다.
사랑하고 이별하는 일에 베갯잇을 적시는 일 따위는
너의 살아 낸 세월에 비하면 너의 발톱에 끼인
모래알만큼도 안 되는 것을 깨닫고는
너의 발등을 곱게 쓰다듬는다.

오늘 밤 너에게 차 소리가 파도 소리로
들려 달콤한 봄잠에 빠지기를.
차가 끊기는 이른 새벽엔 벚꽃 피는 소리도 듣게 되기를.
동쪽 거북이와 함께 봄노래를 불러 보기를.

* 사천왕사지 귀부: 귀부 두 개가 머리 부분이 사라진 채 사천왕사지에 남아 있다. 서쪽은 문무왕릉비의 귀부로 추정되고 동쪽은 사천왕사의 사적비 귀부로 추정하며 문무왕이 삼국을 통일한 후 당나라의 침략을 막기 위해 세웠다는 사천왕사 입구에 그의 업적을 기리기 위해 세웠던 것으로 보인다.
귀부들 입장에선 바로 옆으로 산업도로가 나고부터 밤낮없이 시끄러워져 불만이 많을 것 같다.

7. 사라지는 것들에 대하여

자연의 거침없는 대지 예술.
어느 순간 존재했다가
소리 없이 사라지는 것.
그 무엇도 소유하지 않고,
한곳에 오래 머무르지도 않는다.
두 손 가득 거머쥔 듯해도
신기루처럼 흩어지는 것.
존재와 소멸에 대한 사유로
봄의 하루가 저문다.

당간지주의 침묵

유채꽃이 온 땅을 덮던 날도
당간지주는 천 년의 약속을 지켰다.

천 년을 넘긴 돌기둥은
봄바람의 유혹에도 끄떡없다.

부처를 맞던 깃발은 사라지고
내 기도는 풀잎에 닿아 흔들린다.

사진을 찍느라 몰려든 노란 유채밭의 사람들,
바람에 흩어지는 나비 떼 같다.
나는 그저 노란 숨결에 젖어 든다.

절은 사라졌지만
기둥은 여전히 봄을 세운다.

이 노란 바다 한가운데 서서
나는 그에게 내 힘을 보탠다.

그들을 되돌아오게 할 길은 없다.

* 황룡사지 당간지주: 황룡사는 통일신라 시대 최대 규모의 사찰로, 신문왕 때 완공되
었으나 고려 말 화재로 소실되었다.
현재는 사찰의 흔적 중 당간지주(幢竿支柱) 두 기둥만이 유적으로 남아 있다.
당간지주는 불법을 상징하는 깃발을 매달았던 돌기둥으로, 사찰 입구에 세워졌다.
경주 황룡사지의 당간지주는 통일신라 석조 건축의 유산으로, 지금도 제자리를 지키
며 옛 사찰의 중심이 어디였는지를 보여 준다.

8. 기도가 새겨진 자리

가장 오래된 기도가
바람으로 다시 들리는 곳.
부서진 자리마다 기도가 피어나고
누군가는 아직도 세상을 지키고 있다.

폭염 경보가 연일 내리고 있는 7월 오후
스르르 바람길을 따라 걷다 길을 헤매는데
숲 사이로 두 탑의 머리가 힐끗 보였다.

사람 하나 없는 산중,
부서지는 햇살 소리가 시끄럽게 탑을 깨운다.
열두 동물들이 심청이처럼 연꽃을 타고 나타났다.

성하지 못한 탑을 지켜 내느라 연꽃 위에서 시름이 깊다.
탑 그늘에 서서 나는 그들의 착한 마음을 하나하나 칭찬한다.

원원사지를 둘러싼 쭉 뻗은 소나무가
뜨거운 햇살과 해충들의 공격에 기력을 잃어 가고 있었다.
늦은 오후의 햇빛은
마치 이 땅에 아직 햇빛이 더 필요하다는 듯 사정없이 내리꽂힌다.
줄기마다 마른 숨이 묻어나고, 떠나가고 있는 초록을 잡지 못한다.
그래도 이곳에는
사천왕상이 위풍당당히도 서 있다.
아무렴, 몇천 년은 더 버텨 낼 수 있으리라.

깊은 밤,
아무도 모르게 걸어 나온 사천왕상이
소나무들을 향해 말했다.
"어쨌든 살아가세요,
살아가고 또 살아가세요."
소나무들을
다독이다 다시 몸돌로 돌아가 서 있는 듯하다.

그날 나는
그런 사천왕상을 오래도록 알현했다.

모기떼가 달려들고
땀이 등을 타고 흐르는데 나는 탑을 등지지 못했다.

그곳에서 나는 조각의 정수를 보고
예술의 극치를 보았기 때문이다.

이렇듯 생명을 뿜어내는 뛰어난 작품은
한 시대의 염원과 회복을
오직 진실과 정직성으로
그 자리에 새긴 기도인 것이다.

* 원원사지는 경주 모화에 있다.
경주는 지명들만 봐도 역사와 문화가 보인다. 모화-입실-불국사.
출가를 하기 전 속세에서 길러 온 머리카락을 자른다는 모화.
그렇게 머리를 자르고 불국사로 입실하는 것으로 지명이 이루어져 있다,
경주 원원사지(圓原寺址)는 통일신라 후기에 조성된 것으로 추정되는 폐사지로, 현재
는 삼층 석탑 한 기만이 남아 있다. 기단부에는 연꽃 위에 평복을 입은 십이지신상이
조각되어 있고, 생동감 넘치는 사천왕상이 섬세하게 조각되어 있다. 근처의 소나무 숲
은 대부분 베어졌으며, 살아남은 소나무들도 병들어 붉게 변하고 있다.

9. 100퍼센트 아름다움

100퍼센트의 아름다움을 만났다.
4월의 어느 맑은 날에.

벚꽃 흐드러진 4월
그러나
아직은 황량한 들판이던 곳

논을 건너고 또 건너고 하며 논둑길을 따라 걸어 들어가는 길
먼저 간 사람들이 달래를 캐고 있었다.

나도 갑자기 된장찌개에 풍길 달래 향을 생각하니 군침이 돌았다.
열심히 캤지만 다섯 뿌리 겨우 손에 쥐고 당간지주를 만나러 갔다.
당간지주 앞에서 먼저 간 사람이 잘 다듬어진 달래를 한 움큼이나 주었
다.

"고마워요."

"천만에요."

4월의 봄바람이 달았다.

어머나, 세상에!

돌기둥에서 연꽃 한 송이가 피어났다.

연못에서 이제 막 봉우리에서 피어난 꽃처럼 생생하다.

돌에서 100퍼센트의 꽃을 만났다.

4월의 어느 맑은 날에.

* 보문사지 당간지주 연화문: 바깥 윗면에 여덟 연꽃이 피어 있다. 연화문이 새겨진 당간지주는 이 외에 거의 알려져 있지 않다.

10. 장항리의 시간

탑은 말이 없고
바람은 질문이 많다.
쌓여 있던 돌조각들은
그저 엎드려 숨을 쉴 뿐이다.

길을 벗어나 계곡을 건너면,
낯선 고요 속에 잠든 절터 하나가 모습을 드러낸다.
경주 장항리 사지.
이름도, 시주도, 사연도 잃어버린 채
이곳은 그저 마을 이름을 따 '장항리 절터'라 불릴 뿐이다.
무너져 버린 동탑의 돌조각들은
다시 쌓일 날을 기다리며 금당터 곁에 다소곳이 모여 있고,
서탑은 천 년을 버틴 힘으로 다시 허리를 곧추세우고
폭파로 사리 장치를 도굴당했던 아픔을
꿰매어 이 절터의 맏형처럼 서 있다.
우람하지만 마음씨 좋은 금강역사가
문고리 달린 석문을 열어 줄 것만 같아
나는 오래 금강역사의 눈을 바라본다.

상체를 벗고, 무릎 아래까지의 군의를 입은 채
툭 불거진 광대뼈와 굳게 다문 입은
이곳을 지키겠다는 의지로 단단하다.
그때 봄바람이 추파를 던진다.

금강역사가 봄바람과 밀회를 나누는 동안
나는 팔각의 아랫돌에 있는 동물들과 귀여움의 극치 사자상과
연꽃 속으로 숨바꼭질이라도 하며 놀고 싶었다
잃어버린 이름을 안고 묵묵히 서 있는
장항리의 시간이다.

* 장항사지
* 이 사지는 일제강점기인 1923년, 사리 장치를 노린 도굴꾼들이 석탑을 폭파한, 아픈 기억을 간직한 곳이다. 절터에는 금당지와 함께 복원된 서탑과 아직 복원되지 않은 동탑의 부재들이 남아 있고 금당지 내부에는 사자와 신장이 각 4구씩 부조된 불상대좌가 비교적 잘 남아 있다.
인왕상은 사악한 것이 들어오지 못하도록 수문장 역할을 하는 불교의 수호신이다.
특징은 얼굴은 분노형이며 무기를 든 자세에 대부분 상체는 옷을 벗고 있다.
서쪽 오층 석탑은 몸돌 하나하나가 거대한 한 개의 돌로 되어 있으며 돌 색깔이 부드러운 살결 색에 가까워 따뜻한 느낌을 준다. 경주에서는 나원리 5층 석탑과 함께 두 기밖에 없는 오층 석탑이다.

11. 도깨비

비 오는 날 장항사지에 갔다가 비
를 맞으니 지난번에 봤을 때보다 더
많이 훼손되고 상처는 더 크게 보였
고 찢겨 나간 탑의 살집에서 마음이
시큰거렸다. 그러나 초라해진 건 겉
모습일 뿐이다. 누더기 옷을 입고도
아우라가 있는 사람처럼. 금강역사
의 팔뚝은 긴 세월 탑을 지키느라

장항사지 석탑 인왕상의 도깨비 손잡이

더 단단해져 가는 것 같았다. 진짜 멋지다. 오래 보고 있으면 그에게 반해
버릴 것 같아 시선을 옮긴다. 비에 더 선명해진 문의 손잡이에 붙은 도깨
비 표정을 살피다가 서탑에 아기 도깨비의 귀엽게 웃는 얼굴과 맞닥뜨리
자 금세 웃음이 나왔다. "울다 웃으면 똥구멍에 솔 난다." "그래? 너도 봐
봐, 얼마나 귀여운지." 사람들의 사랑을 한 몸에 받고 있는 장항사지의
스타, 누군가가 아기 사자상에게 지어 준 이름 '아톰'이 굵은 소낙비에 아
랑곳하지 않고 여전히 힘찬 기운을 보내고 있었다. 나도 아기 사자상 아
톰과는 여러 번 만난 관계라 조금 친하긴 하다. 지난번엔 개구쟁이 아톰
과 숨바꼭질을 하기도 했으니까. 그 애와 제법 애틋한 작별을 하고 긴 계
단을 내려오는데 비는 더 거세지기 시작했다.

이런 비바람을 얼마나 많이 맞았을까 생각하니 저렇게나마 그 긴 세월
견뎌 준 것은 엄청난 일이구나 싶었다.

무슨 바람이 불었는지 이 장대비 속에 장항사지를 찾아온 나도 조금 대
단해 보였다.

- 2025년 6월 22일 장마 속

불국사 귀면

착한 도깨비가 내 발걸음을 도왔는지
긴 장마 끝에 잠시 비가 멎었다.
오늘은 오던 비마저 예뻤다.

혹부리 영감의 혹을 떼어 가고
도깨비방망이를 놓고 간 도깨비처럼,
우리의 아픔도 슬쩍
대동강 너머로 데려가 주기를.

귀면을 보면
어릴 적 도깨비에 대한 기억이 떠오른다.
나는 시골에서 자랐고,
그 시절 우리 마을에서는 도깨비를 '토째비'라 불렀다.
"와카노? 니가 낮 토째비한테 홀렸는 갑다."
"내가 잠시 토째비한테 홀렸지 뭐….."

사람들은 엉뚱한 짓을 하거나
순간 잘못된 선택을 했을 때 도깨비 탓을 하곤 했다.
실수를 포용하는 삶의 지혜였던 것이다.

일곱 살 어느 날,
우리 아버지가 장에 다녀오다
고갯길에서 토째비에게 홀려
옷이 다 찢어지고 얼굴엔 상처투성이로 돌아온 적이 있다.
다음 날
그게 '납닥바리' 짓이었느니 토째비 짓이었을 거라며
어머니와 동네 아주머니들 속에서 여러 설이 오갔다.
그런가 하면 또 어느 장날에는
장마에 강물이 불어나 징검다리가 잠겼을 때
도깨비가 아버지를 업고
무사히 강을 건너 주었다는 이야기 또한 진지하게 믿어졌다.

토째비는 그렇게
두 얼굴을 가진 존재였다.
홀리기도 하고, 구해주기도 하는.
누군가 재빠르게 여기저기 움직이면
"자(저 애)는 무슨 토째비가치 서에 번쩍 동에 번쩍 한다."
집 안이 어질러지면
"토째비가 기왓장 뒤집어 놨나?"
"그게 뭐 토째비 노름이지….."
집안이 어려우면
"토째비도 수풀이 있어야 불을 피우지….."

이런 말들을 들으며 자랐다.

지금도 우리 삶 속에서

"낮도깨비 같은 놈."

"도깨비(귀신)는 뭐 하나? 저런 놈 안 잡아가고." 이런 말을 종종 들을 수 있다.

이처럼 도깨비는 사람들의 삶과 밀접하게 연결된 다양한 면모를 지니고 있었다.

* 납닥바리의 정체: '납닥바리'는 납작 엎드려 숨어 있다가 빠르게 움직이며 사냥하는 고양잇과의 존재를 가리킨다.
시골 전설 속에서 납닥바리는 술에 취해 휘청거리는 사람에게 따라붙어 눈에서 불을 뿜으며 흙을 퍼붓는 장난을 치는 존재로 묘사되곤 했다.
* 도깨비와 귀면상의 차이: 한국 전래의 도깨비는 일반 서민의 삶 속 깊숙이 스며든 존재다.
때로는 혼을 빼놓기도 하고, 때로는 위기에서 구해 주는 이중적 존재로 묘사된다.
산발한 머리, 외다리, 외뿔 등의 모습으로 묘사되는 전통 도깨비는 장난기 넘치고 유쾌하면서도 때로는 신비로운 두려움을 주는 존재였다.
반면, 사찰의 귀면상은 불교적 공간을 지키기 위한 상징으로, 잡귀의 침입을 막고 불법(佛法)을 수호하는 역할을 한다.
귀면상은 단정한 형태의 장식과 함께 위엄과 경계심을 강조하는 표정을 하고 있으며, 이는 장난스럽고 인간적인 전래 도깨비와는 뚜렷하게 구별된다.

12. 남산 아이

남산동 동서 쌍탑

어린 시절
당신은 이 탑들 사이를 뛰어다녔다고 했지요.
숨을 죽이며
형들의 발소리를 피해 숨었던 그 사각 돌기둥 사이에
노란 민들레가 피었습니다.

남산동, 그 이름만으로도
당신의 숨결이 묻어나는 동네.
당신이 뛰놀던 마당에 서서
우리의 기억을 찾다가 괜한 먼지 탓을 하며
손등으로 눈을 닦습니다.
서탑 팔부신중 아수라 앞에서 열일곱 살 소년의
기타 치는 모습을 보다가 피식 웃습니다.
그 시절 당신은 꼭 아수라와 같았거든요.

형들과 숨바꼭질하던 골목,
돌부리에 걸려 넘어지던 발끝,
바람이 지나가던 그 시절의 웃음까지.
그 모든 게 아직도, 탑 그림자 안에 남아 있습니다.

* 이 탑은 불국사의 다보탑과 석가탑처럼 서로 다른 양식을 갖춘 쌍탑이 나란히 마주 선 보기 드문 사례로 주목된다. 특징으로는 동탑은 벽돌을 본뜬 모전석탑 형식이며 서 탑 기단에는 신라 중대 이후 불탑을 부처의 세계로 인식하게 한 '팔부신중'이 새겨져 있어 불교 신앙과 예술적 의미가 깊다. 그중 하나인 아수라는 특히 역동적이며 상징적 이다. 팔부신중은 단순한 장식이 아니라, 탑을 부처의 세계 '수미산'으로 형상화한 신 앙의 표현이다. 이는 통일신라 불교의 깊은 정신세계를 반영한다. 『삼국유사』에 등장 하는 구절, '사사성장 탑탑안행(寺寺星張 塔塔雁行)'—절은 별처럼 총총하고, 탑은 기 러기처럼 줄지어 있었다—바로 그 상상 속에, 이 두 탑도 서 있다.

13. 천 년의 미소는 또 있었다

너를 보고 있는 동안은
마음 한 자락이 참 순해진다.
나의 눈가도 정말 행복해져
맑은 눈물이 흐른다.

천 년의 미소는 수막새만이 아니었다.

천 년을 웃고 있는 삽사리

짧은 다리, 뭉툭한 코
너의 미소가 어쩐지 낯익다.

무덤 속 어둠을 지키던
그 미소로 천 년을 버텨
세상에 나왔고
너의 주인은
너의 미소를 끝까지 지켜 냈다.

이제는 박물관 조명 아래서
미소 짓기를 멈추지 않고 있다.

너를 바라보고 있는 동안은
마음 한 자락이 순해진다.

너의 혀끝에서는
오월의 아침 햇살이 솟는다.

* 동물 모양 토기: 신라 6세기, 경주 탑동 3호 무덤에서 출토된 상형 토기로, 길이 16.9cm, 높이 8cm의 작고 앙증맞은 크기를 지녔다.
짧은 다리, 뭉툭한 코, 활짝 웃는 입매와 눈매는 절로 나오는 사랑스러움이다.
삶과 죽음의 경계에서 따뜻한 정서와 유머를 간직한 신라인들의 예술혼을 보여 준다.
이 귀여운 토기 역시 또 하나의 천 년의 미소다.

14. 돌에 새긴 맹세

임신서기석

돌에 새긴 맹세

그 돌을 처음 보았을 때,
손바닥만 한
작고 귀여운 모양에 반했다.
길이 30cm 남짓한 자연석.
그런데 그 안에는
한 나라의 청춘이 통째로 새겨져 있었다.
임신년 6월 16일.
두 화랑이 하늘에다

충성을 맹세했다.
세월이 흘러도
배신하지 않겠노라고,
나라가 어지러워져도
흔들리지 않겠노라고.
배우고 익히기를
게을리하지 말자고.
그들은 그 다짐을
세상에서 가장 단단한 돌 위에 새겼다.
떨리는 손으로,
그러나 확실하게.
하늘도, 돌도
그 말을 기억하게 하려고.
신라 청년들의
아름다운 우정이
돌 안에서
아직도 단단해져 가고 있는 듯하다.
그 앞에 서서 나는
열다섯 살 때 친구들과 나눠 끼던
우정 반지의 가벼움이
민들레 홀씨 같다는 생각을 문득 하며,
부끄럽게 웃는다.

* 진흥왕 때 화랑 제도를 도입해 청년들을 나라의 기둥으로 길렀다. 임신서기석은 신라 시대 두 명의 화랑이 불타는 애국심과 나라에 대한 충성을 맹세하는 내용을 새긴 작은 돌이다.

15. 죽은 나무에 핀 봄

괜찮아 곧 봄이 올 거야/조금만 더 기다리면

죽은 나무에 핀 봄

다 말라 버린 줄 알았다.
살아 있던 시간들도
뿌리마저 잊은 줄 알았다.
그런데
이번 봄,
가장 바람도 조용한 날
한 가지 끝에서
연둣빛 숨결들이 힘을 내고 있었다.

감은사지의 4월-:삼층석탑 뒤의
죽은고목나무에서 싹이나고 있었다

살아 보고 싶은 마음 하나가
500년을 통과해 피었다.
나는
그 작고 여린 새순 앞에서
가만히 두 손을 모았다.
기도 같고,
용서 같고,
살다 보면 다 살아진다는 말 같아서.

나물 봉지에 담긴 감은사의 봄

4월 중순 일요일 늦은 오후,
감은사지는 텅 비었고 방문객은 우리 둘뿐이었다.
차에서 내리자마자 나는 나란히 앉은 다섯 분 할머니들의 애절한 부름에 끌려가고 있었다.
"새댁이, 이짜로 와 봐요."
"나물 5천 원이더."
모두 강렬한 눈빛을 보냈고 모두 자기에게로 오라고 손짓했다.
순간 당황하다
나물 다발을 들고 아예 일어서서
"곰취 나물 한 묶음 2천 원."이라고 외치는 다섯 분 중 가운데 앉은 할머니에게로 향했다.
곰취 나물 두 다발을 사는데
왼쪽 옆의 할머니가 돌나물 한 소쿠리 5,000원이라고 자꾸 불러 댔다.
돌나물을 샀다. 하얀 뿌리를 정갈하게 다듬은 달래에 스치는 내 시선을 놓치지 않고 그 옆 할머니는,
"달레이 좀 사 가이소. 된장 끼리 무머 마싯니더. 5천 원인데 3천 원 해 주께, 새댁. 이게 마자다."
이번엔 오른쪽 할머니가 산나물 한 소쿠리에 3,000원이라고 절규하듯 외치셨다.
"인자 뜨리미 하고 집에 가야 된다."
돌아서지 못하고 호주머니에 챙겨 온 현금은 이미 다 써 버려
친구에게 만 원을 빌려서 오른쪽 할머니에게 산나물을 사러 옮겨 갔다.

"이 좁쌀 8천 원인데 이거 다 해서 만 원 해 줄게." 하시며 내 대답은 들으시지도 않고 옆에 있던 봉지 속의 좁쌀까지 다 넣어서는 만 원이라고 주셨다.

"나물은요, 할머니?"

"응, 나물은 삼천 원."

나물까지 합쳐서 주는 거로 알고 있다가

"할머니, 저는 나물 사러 왔는데요."

"만 원짜리 하나밖에 없어요, 할머니. 좁쌀은 두고 나물로 주세요."

내 뜻과 상관없이

나물은 못 사고 할머니 뜻대로 생각지도 않은 좁쌀을 사게 되었다

엉거주춤하고 있던 내게 한 발짝 뒤에서 기다리던 친구가 내 팔을 끌었다.

그때 맨 끝에 앉아 계시던 할머니가

"와 끝에는 안 오노? 은행으로 부치조도 된다."

하시는 말이 뒤통수에 꽂혔다.

겨우 할머니들의 눈빛과 손짓과 간절한 말들에서 벗어났을 때

친구가 배꼽 잡고 웃었다.

"너는 마음 약한 것이 탈이야. 내가 구제하지 않으면 할머니들한테 꼬시키서 저기 거 다 사겠다."

"그러게, 근데 할머니가 왜 좁쌀을 사라고 하시지? 나물을 사려고 했는데."

친구의 고운 핀잔을 들으며 4월의 감은사지 탑을 만나러 갔다.

동탑의 깁스는 아직 안 풀렸고 서탑의 돌 틈 사이로 제비꽃이 피어 있었다.

고사되었던 500년 된 느티나무 한쪽에 싹이 트고 있었다

이 봄에 내가 만난 생명 중에 가장 경이롭다.

감은사지는,

내가 계절마다 빠짐없이 찾는 가장 아끼는 곳 중 한 곳이다.

죽었던 느티나무에 새순이 돋은 걸 보니 마음이 울컥거렸다.

계림의 회화나무처럼 한 줄기라도 살아남아 석탑의 벗이 되어 주면 좋겠다.

회랑을 걸어 보고 문무왕이 용이 되어 드나들었던

바다를 상상하며 차로 돌아올 때 될 수 있으면 할머니들과

눈을 안 마주치려고 노력했다.

그때

"여기요~~"

깜짝 놀라 돌아보니

"기다리고 있었니더. 내가 마음이 아파서요." 하면서 검은 봉지 하나를 내미셨다.

사려고 했던 나물을 주셨다.

친구가 말했다.

"너는 참 착해서 손해 보고 사는 줄 알았는데 돌아보면 늘 이익이야."

그러고 보니 나는 그다지 손해 보는 인생을 살진 않았던 거 같다.

좀 어리버리하게 사는 거 같지만.

우리 엄마한테 세 살 때부터 들은 말.

"'착한 끝은 있어도 악한 끝은 없다'란 말이 있단다."라는 말을

내게 늘 마음 약한 것이 탈이라던 친구에게 해 주며 돌아오는 길.

삼천 원어치 나물 봉지 하나가

서로의 인생 이야기로 풍성해져 봄빛을 그득 담고 있었다.

16. 너에게 커피 한 잔 사주고 싶다

사천왕사자 당간지주

그 시절 우리의 사랑은 가난하였으나 치열하였고
그리고 처절했다. 무지 오랜 세월 천지 풍파 다 겪으며 살아 내고
이제 돌아보니 모든 것이 꿈결이다.
만 가지 생각에 잠기다 봄 졸음에 꾸벅대는데
지나가는 차 소리가 내 봄잠을 깨운다.

모든 거리가 아침으로 향할 때쯤 잠깐 새벽잠을 자고 나면
한 무더기의 사람들이 와 제각각 해설들을 하며 분분하다.
우리의 이야기는 우리만 알 뿐.
가만히 숨죽여 들어 보면 반은 맞고 반은 틀리다.

네모난 구멍 동그란 구멍을 살펴보기도 하고 손을 넣어 보고
때론 나를 만지기도 한다. 울을까 웃을까 망설이는데
훈훈하던 봄바람이 갑자기 비를 데리고 온다.
이른 봄에 내리는 비는 겨울비보다 춥다.

변덕스러운 날씨. 오늘 나는
너희를 격조 높은 카페에 데려가 따뜻하고 달콤한 진한 코코아, 밀크커피
한 잔 사 주고 싶다.

* 사천왕사지와 당간지주: 경주시 탑동 낭산 자락에 위치한 절터로, 선덕여왕 때 이곳
을 '도리천(兜率天)'이라 하여 신성시하였다. 신라의 뛰어난 석공 양지(良志)가 기량을
발휘한 곳으로 전해진다. 현재 남아 있는 당간지주는 절 입구에 세워졌던 깃대 받침돌
로, 1928년 인근 민가에 있던 것을 옮겨 세운 것이다. 지금은 산업도로와 가까워 차
소리로 시끄러워진 점이 아쉽다.
* 신비한 구멍의 전설: 사천왕사지 당간지주에는 네모난 구멍과 동그란 구멍이 있어
다양한 해석이 전해진다. 어떤 이는 '빛이 드나드는 통로'라 하였고, 또 어떤 이는 '소
원을 비는 자리'라 여겼다. 아이가 장난삼아 손을 넣고 빼지 못했을 때, 스님이 '마음
을 비우면 손이 빠질 것'이라 하자 신기하게도 손이 빠져나왔다는 이야기도 있다. 이
는 "마음을 비우면 길이 열린다."는 교훈으로 전해진다.

17. 바람이 여는 문

꽃 지는 날 있으면 꽃 피는 날 있으니
섣불리 책을 덮지 말아야 한다.

바람은 괜히 머뭇머뭇거리고
햇살이 잽싸게 먼저 와 앉는다.

서성이던 바람은 햇살을 밀어내고
문 틈새로 들어가 옛이야기를 훔쳐 내온다.
바람이 전해 주는 왕궁 이야기를 하루 종일 듣다가
햇살은 서둘러 돌아가고 꽃은 진다.

바람이 지나가며 시간을 흔들고,
그 흔들림 속에서 꽃이핀다
가꺼이 인생이 즐거워야 한다
가지에 열매가 열릴때까지
인생이 헛되지 않았다고 말할때까지.

* 창림사지
* 신라의첫궁궐터
* 사리장엄구와 무구정광다라니경 – 1824년 창림사지 탑이 무너질 때 도굴꾼에 의해
드러났으며, 그 안에서 불교 경전인 무구정광다라니경과 '국왕 경응조무구정탑원기가
발견되었다. 이 유물들은 불국사 석가탑과 함께 세계에서 가장 이른 인쇄물의 존재를
증명하는 귀중한 자료다.
* 삼국유사의 기록 – "남산 서쪽 기슭에 궁궐을 지어 성스러운
두 아이(박혁거세와 알영부인)를 기르고, 남자는 왕이 되고 여자는 왕후가 되었다."라
는 기록이 전하며, 이로써 창림사지는
신라 건국 신화와도 깊이 연결된 장소로 여겨진다

18. 땅을 보고 걷는 아이

석가탑 연외: 불국사 석가탑의 바닥에는 연꽃 문양이 있다
선은 단순한데 연꽃잎은 풍요롭기 그지없다.
사람들 눈에는 잘 띄지 않지만, 그 꽃은 아래에서 위를 받치고 있다

"야, 야, 땅에 돈 떨어졌나?"
어릴 때 땅을 보고 걷던 내게 어른들이 말했다.
"야야, 코 빗나?"
어릴 때 부끄럼을 많이 탔던 내게 어른들은 말했다.

부끄러워서 땅을 보고 걷던 나는
땅에는 땅만 있는 것이 아니란 걸 잘 알게 되었다.
개미가 하얀 짐을 지고 움직이는 것을 쫓아가며
걸리적거릴까 지푸라기들을 미리 치워 주기도 하느라
한나절을 보냈고

비 온 뒤에는 뒤안이 초록 땅이 된다는 것을 알고
어떤 곳은 붉은색이 섞여 꽃이 피를 흘려 놓은 착각을 하기도 했다.
사금파리로 세간을 갖추고 흙으로 밥을 지으며
혼자 살금놀이를 즐겼다.

어른이 된 지금도 나는
어디를 가도 땅을 잘 관찰하는 버릇이 있다.
석가탑 아래 땅바닥의 연화 문양은 내가 불국사를 갈 때마다
가장 애착 있게 바라보는 것이 되었다.
나날이 생생해지는 꽃이다.

* 『법화경』과 팔방의 부처: 여덟 개의 연화좌는 『법화경』에 나오는 장면과 관련이 있다고 전해진다. 석가여래가 영축산에서 설법할 때, 팔방에서 무수한 부처들이 찾아와 주위에 둘러앉았다는 이야기다. 석가탑 아래의 연화좌는 이 『법화경』의 장면을 상징하는 조형물로 해석된다.

19. 주문

주문

조용한 탑 안에서
가장 오래된
목소리가 태어나고 있었다.

"정구업지는 수리수리 마수리 술수리 사바하…."

어릴 때 나는 여리고 허약하여 자주 몸이 불덩이가 되었다.
그럴 때 엄마는 내 이마에 손을 짚으시곤
"정구업지는 수리수리 마수리 술수리 사바하…."를 외우셨다.

고된 농사일에 지친 엄마의 손이 이마에서 떨어졌다 올려졌다
목소리가 적어졌다 끊겼다 하다가도 다시 이어졌다.

엄마의 주문 소리를 들으며 까무러치듯 잠에 빠졌다.
땀에 흠뻑 젖은 채 깨어나면 거짓말처럼 나았다.

(엄마의 지친 졸음 속 주문은 언제나 영험했다.)

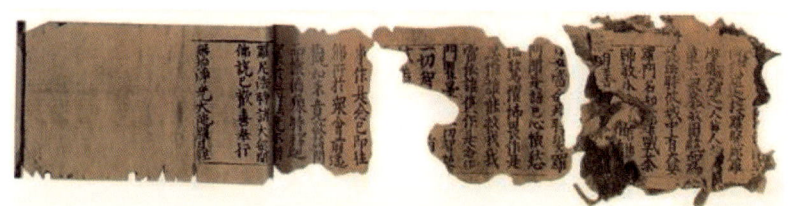

『무구정광대다라니경』

* 『무구정광대다라니경(無垢淨光大陀羅尼經)』: 세계에서 가장 오래된 목판 인쇄본으로, 1966년 불국사 석가탑 복원 과정에서 발견되었다. 훼손된 채 방치되었다가 1989년에 복원되었다.
* 다라니(陀羅尼): 산스크리트어 'dhāranī'의 음역으로, 일종의 주문을 뜻한다. 탑 안에 봉안하면 병이 사라지고 장수하며, 죽은 뒤에도 나쁜 곳에 태어나지 않는다고 믿었다.

20. 당신꽃

당신꽃

떠올리고 싶지 않은 어떤 장면들
눈물을 삼키고 분노를 뒤로하며 끝내 돌아와
떠나 살던 푸른 설움은
비로전 풍경 소리로 다독인다.

4월의 꽃밭에서 가장 아프게 피어나는 꽃
유월에도 피어나고 12월에도 지지 않을 꽃
억겁의 시간에도 그 모습 시들지 않을
세상에서 가장 아름다운 꽃

* 불국사 비로전 서쪽 외진 보호각 안에는 꽃보다 화려한 사리탑이 있다. 조각이 섬세
하고 독특한 형식으로 보물로 지정되었으나, 한때 일본에 반출되어 요릿집 정원에 머
물렀다가 극적으로 환수되었다.

21. 나는 당신을 압니다

당신 거기 계신가

구품연지를 건너고 흰 구름, 파란 구름 지나
보랏빛 안개 속을 휘적휘적 걸어
님 거기 계신가 목청껏 부르다 잠이 깼네.

흔들리는 것은 바람인가, 나무인가.
춤을 출 것인가, 곡을 할 것인가.
청운교와 백운교는 의연하게 거기 있을 뿐이네.

청운교, 백운교의 경사(기울기)는
'피타고라스의 정리'와 같이 내각의 합이 180°이고,변의 길이는 3:4:5의 비율로 되어 있다.

단단한 당신

무지개를 품은 당신.

천지가 흔들려도, 당신은 늘 그 자리에서 굳건했습니다.

당신이 견뎌 낸 세월의 이야기,

천 가지, 만 가지, 아니 수천 가지라도

봄 햇살처럼 포근한 당신의 무릎 베고 누워

조용히 듣고 싶습니다.

* 홍예문(무지개다리): 그 비밀은 무엇보다도 완벽할 정도의 견고함과 빼어난 아름다움에 있다. 홍예는 좌우에서 돌을 쌓아 올라가다 맨 위 가운데에 마지막 돌, 즉 이맛돌을 끼워 넣음으로써 완성된다. 이 이맛돌만 빠져나가지 않으면 홍예는 절대로 무너지지 않는다.
건축 재료가 별로 발달하지 않아 주로 돌을 사용해야 했던 그 먼 옛날, 선인들은 돌에 대해 완벽한 이해를 바탕으로 완벽한 건축물을 만들었던 것이다.

모난 돌

모난 돌도
아귀가 맞는 돌이 있다.
너도 못났고
나도 못났지만
서로 기대면 자리가 생기고
함께하면 쓰임이 된다.
그렇게 우리는
모난 채로도 어우러져
단단한 담이 된다.

불국사 자하문의 축대처럼, 다듬어진 돌과 거친 돌이
서로를 받쳐 주며 흔들리지 않는 것처럼
시간이 흘러도
금이 가지 않는 벽이 되듯
우리는 흩어지지 않고

단단한 질서를 만들어 간다.
비바람에 깎이고,
세월에 닳아도
흔들리지 않는 건
모난 것들이 함께 쌓였기 때문이다.
우리는 완벽하지 않아도
서로를 맞추며 단단해진다.
틈이 있어도 무너지지 않고,
때로는 그 틈에 따뜻한 숨결이 깃든다.

* 돌계단 다리 아래에 지금은 없지만 극락정토의 세계관을 상징하는 구품연지(九品蓮池)가 있었다고 하는데 지금도 다리 왼쪽 석단에 구품연지로 흘러 들어가는 물이 떨어지도록 만들어 놓은, 돌출된 반원형의 석조물이 남아 있어, 당시 이곳에서 물이 떨어지면 폭포처럼 부서지는 물보라에 의해 구품연지 위에 아름다운 무지개가 떴다고 한다.

22. 불 꺼진 석등

불 꺼진 석등

석등 호롱에 불을 붙이려고
깨금발을 하고 애쓰던 동자승이
아미타불 노래를 부르며
어둠을 끄고 돌아간다.

석등도 삼매에 들었다.

억겁의 시간에도 그 모습 시들지 않은
아름다운 팔각의 자태는
험하던 그 숱한 세월 원망 모르고
모든 사연들을 품어 낸다.

떨어져 나간 창문의 흔적에
해 저물 녘 슬픈 바람이 인다.

* 불국사 대웅전 앞 석등: 통일신라 시대의 전형적인 석등으로, 하대석·간주석·상대석·화사석·상륜부로 이루어져 있다. 화사석에는 창문을 달았던 흔적이 남아 있어, 불빛을 보호하며 관리했던 모습을 짐작할 수 있다. 지금은 불이 꺼진 채 돌의 형상만 남아 있다.

1. 섣달그믐날

누구나
제안 속에는
고유한 강이 흐른다.

섣달그믐날

어슴푸레한 저녁,
집 밖은 찬 바람이 떠다닌다.

하루 종일
몇 장의 사진을 앞에 두고
가 버린 사람들에 대한 추억에 잠긴다.
이제 해가 지고, 길 위의 기억은 희미해졌다.

섣달그믐날 밤,
창밖 움직이지 못하는 나무들은
꼼짝없이 눈보라를 맞는다.
이미 부러진 가지도 있다.

"버려 내라, 나무."

우리도 이처럼 살면서
속수무책의 순간들과 맞닥뜨려야 할 때가 있다.

누구나 제 깊은 곳에는 고유한 강이 흐르고,
누구도 남의 살아온 내용에 간섭하면 안 된다.

2. 엄마를 닮은 겨울

"괜찮다, 전기장판에 있으면 따시다."
"내 혼자 있는데, 말라고 온 집 안에 불 넣노?"

한겨울에도 나는 반팔이었고
어머니는 옷을 겹겹이 껴입으셨다.
마주 앉은 두 계절처럼
우리는 늘 다르게 추위를 견뎠다.

나는 겨울을 잊고 살았고,
어머니는 겨울을 입고 사셨다.

그런데, 지금의 내가
엄마를 꼭 닮아 있다.
겨울 한가운데서
나는 작은 화로처럼
전기장판 위에만 몸을 둔다.

"나 혼자 있는데 말라고 온 집 안에 불을 지피노."
"잠만 자고 금방 나갈 긴데…."

어머니는
그저 청성이셨던 게 아니다.
겨울을 껴입듯
외로움을 껴입고,
온몸으로 그 계절을 견뎌 내셨던 것이었다.

3. 괜찮아

새들은 지상과 하늘 사이 가느다란 선을 잇는다.

괜찮아

별이 저마다의 등을 켜는 겨울밤
까마귀들의 습격으로 빨간 열매를 잃어버린 뒤에도
살아 있는 피라칸다 나무.

떠나보내고 싶지 않아도 속수무책이던 그날부터
낮은 두 뼘이나 짧아졌고
그래도 여전히 살아 내는 피라칸다 나무.
"괜찮아

곧 봄이 올 거야.
조금만 더 기다리면."

나무에 박힌 가시조차 겨울바람에 힘을 잃어 가던 날
빨간 열매가 떠난 자리에 하얀 눈이 와 얹히고
나무는 하늘로 날아오른 까마귀 편으로 편지를 부친다.

까마귀 백 마리쯤이
갑자기 날아올랐다.
눈앞에서
열매가 순식간에
사라졌다.
꿈처럼,
마술처럼.

* 피라칸다(Pyracantha)는 붉은 열매를 맺는 관목으로, 겨울철 새들의 주요 먹이원이
된다.
겨울에 유일하게 정원을 장식하던 열매가 사라지는 광경을 본 심정이다.
* 새들은 지상과 하늘을 연결한다고 한다.
까마귀는 흔히 불길함의 상징으로 오해받지만 실제로는 숫자 셋까지는 셀 수도 있을
만큼 똑똑하고 사회적이며 서열을 만들며 어미에게 먹이를 물어다 주는 '반포지효'의
새다. 지상과 하늘을 오가는 그들은 때때로 떠나는 것과 남는 것 사이의 전령이 된다.

4. 식물들의 사생활

7월 이틀 아침,
나는 식물들의 사생활을 간섭한다.
"야, 너 살자고 남에게 피해 주는 건 옳지 않아."
소나무에 기어오르며 여름내 세력을 키우던
환삼덩굴을 단호히 제거해 버렸다.
"내가 너무 가혹했나?"

보이지 않게
아주 조용히
그러나 치열하게 식물들은 움직인다.
자라고
싸우고
피하거나 이용하며 세력을 넓힌다.
장소를 차지하며
이웃 식물과 끊임없이 다투고
그들의 은밀한 움직임은 한순간도 멈춘 적이 없다.
햇빛을 찾아
후손을 남기고
그것을 지키기 위해 온몸으로 투쟁한다.

그들은 볼 수도 있고
계산도 하며
서로 그들의 신호를 주고받고 작은 접촉에도 반응한다.

어둠 속 작은 싹은
틈새로 스며드는
한 줄기 빛을 향해 몸을 강하게 밀어 올리고,

울타리 꽃들은
해 질 녘 서쪽을 보다가
잠든 밤사이 얼굴을 돌려 새벽 햇살을 맞는다.

그들은 시간을 알고 있었던 것이다.

* 식물은 빛과 중력, 화학물질, 터치에 반응하며 정보를 교환하고 경쟁을 조절한다. 우리는 그것을 '움직이지 않는 생명'이라 부르지만, 그건 단지 우리의 오해다.
* 환삼덩굴은 빠른 성장 속도로 주변 식물을 덮어 빛을 차단한다. 생존을 위한 전략이지만, 그 과정은 때때로 타자의 삶을 침식한다.

5. 너가 그리운 날은

그는 혼자 가지 않았다.
첫눈과
첫 입맞춤도 데려갔다.

되돌아오게 할 길은
이제, 없다.

너가 그리운 날은

집에 들어온 파리가 반가운 날
차 조수석에는 개껌과 빈 음료 통,

텃밭 언저리에서 뱀 허물과 맞닥뜨리는 날
바람 불고 천둥 번개 치는 밤,

통창에 머리 부딪힌 참새의 죽음 앞
조립 설명서의 해독,
꽉 닫힌 뚜껑이 열리지 않아 포기하던 날
그런 날이 아니다.

너가 그리운 날은 오늘처럼
가랑비가 자락자락 내리는 날
그리움은 무거워져 산을 넘지 못한다.
기억하는 것이 사랑이란 걸 깨닫는 데 제법 긴 시간이 걸렸다.
뜻하지 않게 오른 깔딱고개에서
아무도 모르게 너와 나 같이 울던 울음
사랑은 그런 거였다.

6. 아침 차

예쁜 차를 예쁘게 마시고 싶었다.
(2024년 6월 28일 토요일 아침/2층 창가에서)

집 곳곳이
외로움이 떠다닌다.
예쁜 차를
예쁘게 마시고 싶었다.
모네 수련 찻잔을 고르고,
예쁜 꽃도 골랐다.
고요가 마음에 안 들 땐
집의 더 고요한 곳에서
외로우면
마음 깊이 더 외로워지는 곳에서
노란 꽃물을 마신다.

외로울 땐
철저히 외로워지는 것이
외로움의 처방 약이다.

그리움이 커질 때는 오히려 그 한가운데로 걸어 들어가는 것.
외로울 땐 더 외로워지는 공간에 침식하는 것.

헤어지고 나서야,
전화를 끊고 나서야
할 말이 생각났다.

언제나 그랬다.
가장 단순한 진심은
생각보다 늦게 도착했다.

7. 아침의 증거

아침은
내가 살아 있다는 증거다.
오늘도 커피를 내리고
새들의 목소리와
거미줄 끝의 반짝임,
그리고
새순 하나가
경이롭다.

내 생의 증거는 언제나 아침에 있었다.

새벽에 수탉이 잠을 깨우면 새들은 더 큰 소리로 합창을 해 댄다. 새들의 목청이 제일 높아지는 아침 시간, 그 소리에 우린 일제히 기지개를 켠다. 정원에는 내가 심지 않았는데 매일 새로운 꽃들이 피어난다. 샤스타데이지는 밤사이 식구가 불어나 중정을 하얗게 덮었다.

새로운 둥지를 튼 제비네 엄마 아빠는 일찍 먹이를 찾으러 갔고, 알에서 갓 나온 아기 제비들은 내 움직임 소리에 자기 엄마인 줄 알고 노란 입을 삼각형으로 벌리고 있다. "미안해, 엄마 아니야." 인사하고 창밖이지만 내 침실과 최대한 가까운 곳에 엎드려 밤을 지새우는 몽구와 아침 인사를 진하게 나눈다.

그리고 몽구와 같이 닭장으로 가서 '굿모닝 꼬꼬' 하면 '꼬꼬꼬꼬' 하며 대답한다. 닭장 문을 열어 주고 모이를 준다. 모이의 절반은 참새들이 쪼아 먹는다. 수백 마리가 한꺼번에 쏟아져 나올 때도 있다. 이럴 땐 내가 새들의 집에 깃들어 사는 건 아닌가 싶다.

텃밭에 물을 준다. 물은 내가 심은 토마토나 가지 모종, 상추나 쑥갓보다 언제나 풀들이 더 많이 받아먹는 것 같다. 풀들의 키는 언제나 그들보다 두어 뼘은 더 자라 있기 때문이다.

그리고 풀들 사이에서 솎아 온 상추와 쑥갓, 딸기 등으로 아침을 만들어 먹는다. 나의 아침은 싱그럽고, 안개 걷힌 아침 햇살이 창을 비출 때쯤 커피 한 잔으로 아침 시간을 마무리한다.

올해도 어김없이 달리아, 백일홍, 해바라기가 꽃 피울 준비를 하고 있다는 꽃 소식과 새들의 만행과 풀들의 만행, 이러한 것들을 나는 시한테 일러바친다.

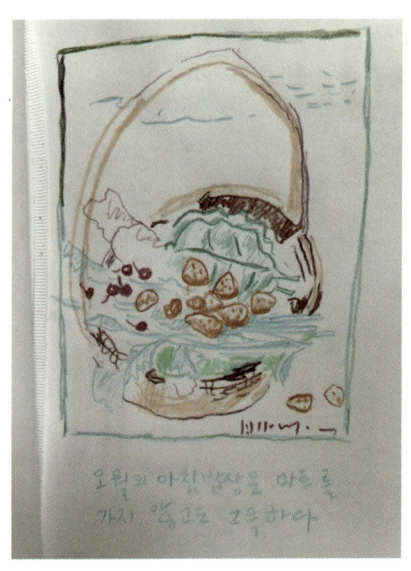

8. 나의 어머니

어머니

"당신은 영광스럽게도 나의 어머니였습니다."

5월 새벽의 이슬 머금은 내 텃밭은 싱그럽다.
해바라기는 어제보다 손바닥만큼 더 자란 거 같고
상추는 솎아도 솎아도 자고 나면 그 모습 그대로인 듯 채워진다.
작년에 실패했던 텃밭 농사. 올해는 알람까지 해 두고 아침마다 때맞춰
물을 준다.
텃밭에 심어 놓은 작물보다 풀들이 먼저 물을 받아먹는지 언제나 잡초
들이 한 발 더 빨리 쑤욱 자라 있다.

텃밭에서는 어김없이 어머니가 소환된다. 밭농사는 어머니의 평생이
다.
내가 귀촌하여 재미 삼아 하는 텃밭은 한 번도 거울처럼 맑아 본 적이
없다.
"봐라, 민경알 같제?" 하시던 어머니 밭은 대지 예술가가 창작한 대지
예술이었다.
한 치의 오차도 없이 자로 잰 듯이 줄 서 있던 농작물들….
풀 한 포기 없이 말끔하게 참깨, 들깨… 농사를 지으시던 어머니.
가려운 등을 긁어 달래면
굵은 손마디의 거친 손바닥으로 등을 쓰윽쓰윽 쓸어 주시던 어머니.
내 등은 아직도 시원하다.
"나는 까시 있는 거 안 좋아한다. 너거 묵어라."

"배 안 고프다. 좀 있다 먹을란다. 너거 먼저 무라."
"맛짜가리 없다. 그런 거 나는 안 물란다."

하시고서는 부엌에서 우리가 남긴 것들을 싹 비우시던 어머니.

배고프던 시절 일 년에 열세 번의 제사상을 차리시던 어머니는 어느 여름날 밤,

농사일을 늦게까지 하느라 어두워져 오셨고 어머니는 부랴부랴 저녁상을 차리셨다.

먼저 밥을 먹고 나온 나는 엄마에게 갔다.

가족들 밥 먹을 동안 어머니의 일은 끝나지 않았다.

쇠 절구통에 찹쌀떡을 찧고 계셨다,

농사일에 이미 지쳐 오셨는데 무쇠 같던 분이시지만 그날 밤 쇠 절구방아를 든 어머니 팔은 더 무겁고 고되어 보였다.

절구에 찧은 하얗고 말랑말랑하던 찹쌀떡 덩이를 손바닥으로 굴려 납작하고 예쁘게 만들어 초록 콩고물로 초록 인절미를 만들고 하얀 콩고물 묻혀 하얀 인절미를 만드셨다. 증고조부 제삿날이었던 것이다.

요즘 우리에겐 까마득한 조상처럼 느껴지지만 우리 어머니 세대는 그렇지 않았다.

나는 콩고물 묻히는 걸 고사리손으로 도왔다.

"못 배운 게 한이다. 너는 얼매든지 공부해라. 몸이 쪼개져도 니 학비는 댈 테니까."

그날 밤은 내가 어머니의 한숨과 눈물, 땀을 봐서인지

'이담에 크면 엄마에게 효도해야지.'라며 혼자 굳게 맹세했던 날이었다.

초록이 짙어 가는 이맘때가 되면 어머니의 작은 몸은 밭이랑에 묻혀 있었다.

호미 하나 들고 밭에 묻히면 깜깜해질 때까지 풀을 뽑느라 밥때를 놓치셨다가

밭에서 쓰러지셔서 그 길로 당신의 그 작품에서 호미를 놓으신 어머니는

대지 예술을 더 이상 하지 못했다

"내 소원은 너거 다 잘 사는 거다."

하시며 마지막까지 자신을 소진하셨던 어머니.

어머니는 내게 영광이었고
우리 육 남매의 숨결이었다.

어머니는 효도할 시간을 줬는데 다만 나는 하지 못하였다.
엄마가 되었지만 나는 우리 어머니처럼 훌륭한 어른이 못되었다.
손톱에 끼인 물감을 파내다가 어머니의 풀물 들었던 손톱을 생각하며
나는 게으른 오후에 힘을 내서 내 작업실로 간다.
어머니의 호미 같은 마른 붓을 든다.

9. 오늘도, 5월

여름비인지 봄비인지

밤은 깊은데
거세지는 빗소리에 잠을 미룬다.

담쟁이의 초록은 짙어지고
샤스타데이지는 더 하얘지는 밤.

바람은 비를 날려
유리창 위에서 흩어진다.

당신을 기다리며
내내 창밖을 내다보던 그때처럼
한정 없이 창밖만 바라보다
무섭증이 일어
답장 없는 편지를 쓴다.

눈부신 햇살이 나를 깨워 주길 바랐다.

양을 천 마리 잡았다가 풀어 주고
숫자로 방 안을 가득 채우고도 잠 못 이루며
이불만 돌돌 말아 대다가
햇살을 기다리지 못하고
어두운 아침에 일어났다.

어지럼증이 인다.
커피 한 잔 내려 들고
새들을 오래 바라본다.
막 익기 시작한 반들거리는 체리 위로
새들이 수십 마리다.

맞아,
세상엔 예쁜 게 너무 많아.
어릴 적 48색 크레파스를 처음 만난 기쁨처럼
너를 만나고 싶어.

5월은 초록

5월은 꽃보다 초록.
아침의 초록,
연두와 초록의 중간쯤, 그 초록이 참 좋다.

불국사에서 토함산으로 오르는 길에
'오동수'라는 이름의 약수터가 있다.
숨을 멈추지 않고 올라간다면
30분 남짓이면 닿는 곳.

하지만 나는 그 길을 서두르지 않는다.
초록이 걸음을 붙잡기 때문이다.

매일 아침마다 같은 길을 걷지만
결코 같은 초록을 만난 적이 없다.

연둣빛처럼 여린 날도 있고,
수련잎처럼 차분한 날도 있다.
어느 날은 라임처럼 산뜻하게 빛나고,
어느 날은 숲처럼 짙고 깊다.

색상표를 들여다보면
초록은 35가지나 된다고 한다.
Kelly green, Forest green, Turtle, Mint…

나는 색상표를 꺼내 잎사귀 하나하나에
이름을 붙여 본다.

잎사귀마다 숨겨진 이름을 찾아내는 일은
어릴 적 크레파스 48색을 처음 열어 보았을 때처럼 설렌다.
인디언 핑크를 좋아하던 나는
오늘 분홍을 배신한다.

5월은 햇살 머금은 초록 개구리 색이다.
그렇게 나는 오늘도
오동수로 오르는 길에서
하루의 첫 감탄을, 초록에게 바친다.

* 오동수(梧桐水): 불국사에서 토함산으로 오르는 길목에 있는 약수터. 오랜 세월 순
례객과 등산객들이 찾는 맑은 물로 유명하다. 이름은 주변에 자라던 오동나무에서 비
롯되었다고 전해진다.

그래도 상냥한 그녀

그녀는 그래도 상냥하게 늙어 갈 것이다.
매일 아침 일어나 꽃을 돌보고 새벽안개 냄새로 하루 날씨를 점칠 것이다.

주말에 어린 손주가 오면 함께 닭 모이를 줄 것이고
긴 호스로 텃밭에 물을 주고 끝나면 함께 잔디 기계를 밀 것이다.
목소리에는 상냥함을 더하며 꽃 이름을 알려 주기도 하고
함께 상추 잎을 딸 것이다.

강아지 돌보는 일을 좋아하는 손주를 위해 개 간식을 주는 일을 하게 할 것이고
그녀의 작업실에서 물감놀이를 하게 하고 옷에 묻으면 괜찮다고 말해 줄 것이다.

해가 지고 그들이 돌아갈 때는 귀여운 볼에 뽀뽀를 해 주고
차가 떠난 뒤에도 오래 손을 흔들어 준 후 갑자기 추워지면 잠옷 위에 스웨터를 걸쳐 입을 것이다.

- 5월 아침 일기

10. 너는 그래도 돼

너는 그래도 돼.

내 앞에서는
실컷 울어도 괜찮아.
누군가의 흉을 보며
끝도 없이 종알거려도 괜찮아.

내 앞에서는
작은 실반지 하나라도 커피가 식을 때까지
자랑해도 되고
아침 눈곱을 저녁까지 달고,
잠옷 바람으로 하루를 보내도 돼.
그리고
약속을 취소해도 되고 계속 달라고만 해도 돼.

"왜?"

너는 내 앞에서 그래도 되는 사람이니까.

그래서 나는
그 말대로 그렇게 살았다.

11. 바람에게 읽어 주는 시

뒷목에 와 닿는 숨결
돌아보면 너는 없고

가던 길 멈추기엔
아직 해가 중천이다.

괜히 무덤에 내린 제비꽃
숨죽여 들어 봐도 바람 소리뿐

잠깐 설움에 겨워 훌쩍이다.
시를 써서 바람에게 읽어 준다.

12. 가져오지 못한 말

문득 마주 바라보다 슬쩍 같이 웃으면,
지친 날 말없이 걷다가 서로 손을 꼭 잡으면,
그것은 사랑한다는 말보다 훨씬 강렬하다.

가져오지 못한 말

"너 사랑 너무 많이 받아서 우짜노."
"미안하다, 고맙다."
그가 두고 간 말-
이제야 내가 가져오려 한다.
그에게 다하지 못한 마음,
오지게도 아파서
꼬박 5년이 걸렸다.
그동안 보낸 내 편지는
그리움보다
내 글밥은 언제나
더 적었다.
착하디착했던
그와 나의 청춘에게.

13. 이른 아침, 눈이 내리고

아침에 눈을 떴을 때,
오늘은 아무것도 안 하고, 아무 데도 안 가고,
이불 밑에서 하루 종일 책만 읽었으면 좋겠다고 생각하는데,
'띠딕' 하고 폰에서 대설주의보 안전 경고 문자가 날아들었다.
창밖을 보니 눈이 내리고 있었다.
아이들 노래 가사처럼,
온 세상이 하얀 나라다.
타협이 쉬웠다.
아~~ 편안한 행복.
눈이 푹푹 쌓이는 아침은
꽤 푸짐한 선물이다.

일정하게 출근하는 것이 아니어서,
혹은 누구의 간섭도 없어서,
나와의 약속은 번번이 깨지는 일이 많지만,
엄하게 적용하려고 노력 중이다.
마감이 일주일 정도 남은 기획 거리 두 개와
이번 달에 끊어 놓고 몇 번 안 간 운동….
작업하다 그대로 둔 붓이 굳지 않을까….
이런 시답잖고 사소한 것들을
오늘만은 밀쳐 낼 수 있다.
그래서 눈이 많이 내리는 아침은 행복하다.

14. 구월의 사색

모기 속눈썹에
집을 짓고 살아도
모기는 그 사실을 모른다.
초명이라는 전설 속 곤충은
그 작디작은 틈에 터를 잡고
숨죽이며 사는 존재라 한다.
그 입장에서 본다면,
모기는 얼마나 거대한 우주일까?
세상의 잣대는 결국
관점의 차이일 뿐이다.

우리도 그렇다.
지금 이 자리에서 보면
모든 게 중요해 보이지만,
관점을 우주로 옮기는 순간
우리 삶의 걱정과 성취란,
그저 티끌 하나에 지나지 않는다.

그러니 내가 조금만 더 지혜롭다면,
걷는 걸음마다 춤이 되고 시가 될 것이고
성취보다 가치에 마음을 두는 순간
평범한 하루가
천 일보다 더 눈부실 것이다.

인생은 결국,
마음먹기에 달린 일이다.

15. 어부바

요즘 엄마 아빠들은 아이를 업을 줄 모른다.

포대기로 아이를 업는 것은 촌스럽고 옛날 방법이라 생각하고 아예 육아템에서 사라져 간다. 나는 그런 것들에서 쓸데없는 안타까움을 느낀다.

우리 어머니 세대도 우리 세대도 다 아이를 업고 키웠다.

업고 설거지를 했고 업고 시장을 갔고 바쁠 땐 업고 밥을 먹었다.

아이는 울다가도 업으면 뚝 그쳤다. 그것은 만병통치약과도 같았고 육아템의 유일한 것이기도 했다.

우리 시어머니는 내가 첫딸을 낳자 제일 먼저 분홍색 바탕에 진분홍 꽃이 피어 있는 포대기를 선물해 주셨다.

나도 내 딸이 아이를 낳으면 꼭 포대기를 선물해 줄 것이다.

"할머니, 어부바!"

세 살배기 손자가 말한다.

난 그 말이 얼마나 이쁘고 고마운지 오래 업어 준다.

내가 두 팔을 뒤로 벌려 앉으면 "어부바!" 하며 등에 업힌다.

이는 외할머니가 어렸을 때 포대기를 해 준 결과라 생각하며 아주 고맙게 생각하고 있다.

우리 또래는 이제 거의 햇할머니가 되었다.

할머니란 말도 아직은 어색하고 손자, 손녀라는 말도 어색하긴 마찬가지다.

부모가 처음 되었듯 할머니 노릇도 첨이라 자칫 선을 넘을까 조심조심이다.

친구들을 만나면 자식 이야기에서 손주 이야기로 이어진다.

"며느리가 아기를 낳았는데 선물을 뭐 해 주지?"

"집을 사 주든가 차를 사 주지 못하면 포대기를 선물해."

나의 농담 섞인 말에

"야, 요새 누가 그걸 해? 사 주면 바로 쓰레기통에 버릴걸….."

"누가 사 줬더니 촌스럽다고 하더래."

"다리가 'O' 자 된다고 난리 치더라는데?"

이 무슨?

나는 누가 뭐래도 포대기 애호가다.

우리나라 최고의, 가장 유아 교육에 좋은 것은 어부바이다.

서양의 유모차는 어림도 없다.

일본의 아기띠도 어림없다.

아기를 업고 있으면 발가락의 꼬물거림도 손가락의 꼬물꼬물, 간질거림이 다 느껴진다.

기분이 좋으면 엉덩이와 다리에 힘을 주고 들썩거리기도 한다.

아기가 그럴 때면 엄마도 기분이 좋아진다. 아기를 오롯하게 느낄 수가 있다.

그리고 등이 뜨듯해질 때가 있다. 아기가 오줌을 쌌다는 것을 금방 알아챈다.

아기와 엄마의 교감을 이보다 더 확실히 느낄 수 있는 게 있을까?

아기띠는 대개 안아 주는 사람을 보게 된다.

안아 주는 사람이 움직이는 방향과 거꾸로 보게 되고 거꾸로 움직이게 된다.

하지만 포대기는 엄마와 같은 방향으로 움직이다 보니 같은 방향으로 보게 된다.

고개도 자유롭다.

나는 감히 말한다.

어부바는 유아기 정서적 발달에 최고다.

이를 능가할 것은 없다.

추석날
그날의 주방은 정말이지 달보다 따뜻했다

너 때문에
밥을 먹고
산책을 하고
아침마다 눈을 떠
새들의 노래를 들을 수 있어
이 모든 것이
정말 놀라운 기적이지.
기적이야,
기적이야,

"어디 아푸나?"
"목소리가 와 글노?"
눈물이 핑 돌며 고마워지는 말이다.

말이 없던 그 소년도
꿈이 많던 그 소녀도
그 침묵 사이에 눈이 내렸으면 해.

받지 않는 전화번호 여덟 숫자 꾹꾹 눌러 새겨
다 소용없지만 그립다고 말했으면 해.

146

사랑하는 사람이 떠나면 우리의 일부도 따라 죽는다.

외로움의 균이 옮을까봐 사람들은 그녀 근처에 가지 않았다

우울의 병을 눈치챌까봐 그녀는 사람들 곁에 가지 않았다

붓으로 쓰는 아침 일기

새들의 목청이 젤 높아지는 새벽 시간
그 소리에 우리 집은 일제히 기지개를 켠다.
마당을 둘러싼 나비꽃도 날개 펴듯 피어나고 백일홍은 색이 더 선명해진다.
필까 말까 망설이던 과꽃도 봉우리를 맺었다.
새로운 둥지를 튼 제비네는 언제 알을 깼는지 쥐도 새도 모르게 가족이 늘어나 있다.
우리 집 한 채에 제비집은 다섯 채다.

정든다는 것은
그렇게 무서운 일인 게다.

민들레 너처럼
마음이 먼저
글썽이는 것이다.

입추 지나자

가을은 어린아이 발끝에 먼저 와 있었다.
아이의 웃음소리가
여름 하늘에 올라가
빠르게 가을을 데려오고 있었다.
바람이 선선해졌다.

– 입추 날 대릉원의 늦은 오후

30대, 내 꿈은
오후 2시에 나무 그늘에 앉아
뜨개질하며
꾸벅꾸벅 졸고 있는 노인이 되는 것이었다.

첫사랑 그와 토라져
사진도 태우고 편지도 태우고

돌아서 아쉬워
재만 휘젓던 생각이 난다.
기억은 언제나
아쉽거나 아프거나.

어릴때 나는 무지 궁금했다.
저 산너머에는 무엇이 있을까?

5월이 되자 앞마당에도 뒷마당에도 중정에서도
풀들의 유혹이 거세다. 난 기꺼이 그 유혹에 넘어가 준다.

웃자라는 유월
너도
나도
풀들도

152

풀을 뽑다가
풀이 예뻤다
"아─ 너도 꽃이었구나."
너무 아프게, 시적이지 않은가!
5월은.

오늘도
날짜만 헤아렸어요.
당신 떠난 후
개똥을 치우고,
정원의 풀을 뽑고
차 한 잔을 들고 아침 햇살을 바라보는 것.
나는 안다.
어느 날부터는 그렇게 못 하게 되리란 걸.

닭장 청소를 하다가
나는 새(똥)를 밟았다.
사는 일은
그렇게 시를 밟는 일이다.

외로워서 사람들을 만났다.
돌아오니 몽구가 더 사랑스럽게 느껴졌다.

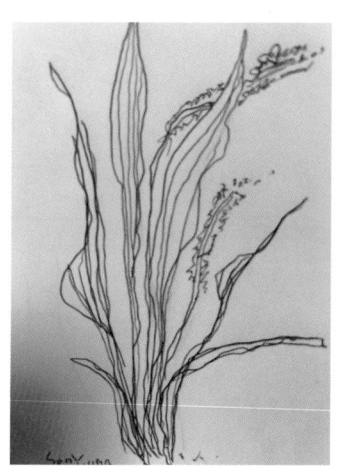

세상에서 자연보다 더 뛰어난 창작자는 본 적이 없다.

이 봄,
하늘에 쌓인 고독이 떨어지고
나는
너에게 꽃 피어 들어간다.

겨울을 견뎌 낸 야생화나 나물 들고
꽃밥을 해 먹으면 온몸에 봄이 돋다.

3월, 맑은 점심

맑은 날
점심도 봄처럼 맑게 먹고 싶었다
봄 햇살 그득 내린 마당에
자천으로 올라오는 쑥을 뜯어 국을 끓이고
햇쑥을 듬뿍 얹은 쑥밥에
방금 캔 달래장 간장에 비벼 먹으면
너무 맛있다.
이건 혼자 먹어도 맛있다.

봄잠

고개를 연신 끄덕인 거 같다.
토막 난 꿈에서 깨어나
살구꽃잎 떨어지는 소리를 듣는다.

비가 그친 밤
심상치 않은 소리가 들렸다
역시 그놈이다

"다시 우리집에 오지 말랬지?"
나는 무섭게 짖었다
그래도 도망치지 않았다

잡으려고 공격태세 를 하며 겁을 주었다
그놈도 고개를 빳빳이 쳐들었다
더 큰소리로 멍 멍 짖으며 앞발을 내밀었다

그래도 이 놈은 나를 노려보고 있었다
한참을 서로 노려보기만 하고 있을때
엄마가 바깥등을 켰었다.

빠른 판단을 해야 한다
엄마가 보기 전에 빨리 해치워야 하기때문이다
잽싸게 그놈을 물었다
죽일생각까진 없었는데 버티고 있어서 어쩔수 없었다
엄마가 놀라지 않게
나는 엄마가 볼 수 없는 곳으로 물어다 놓았다.

"몽구야 왜 자꾸짖나? 시끄러워죽겠네
시끄러워서 엄마가 잠이 깼잖아"

내가 한 일을 알아주기 원하는가?
괜찮다.

＊ 상대방이 알아주던 몰라주던 각자 자리에서 묵묵히 할일을 다해 나갈때
평화로운 세상이 만들어진다. 크게 목소리를 내는것보다 결코 덜하지 않다

이책은 경북문화재단 2025년 지역문화 예술활성화지원사업
보조금을 받아 발간되었습니다.

여백의 시간

1판 1쇄 발행 2025년 11월 05일

지은이 손영

교정 주현강 **편집** 차민정 **마케팅·지원** 이창민

펴낸곳 하움출판사 **펴낸이** 문현광
이메일 haum1000@naver.com **홈페이지** haum.kr

블로그 blog.naver.com/haum1000 **인스타** @haum1007

ISBN 979-11-7374-219-4(03810)

좋은 책을 만들겠습니다.
하움출판사는 독자 여러분의 의견에 항상 귀 기울이고 있습니다.
파본은 구입처에서 교환해 드립니다.